Xi Jinping's Administration

New Philosophy

習近平政権の新理念

人民を中心とする発展ビジョン

胡 鞍鋼・鄢 一龍・唐 嘯 他［著］

日中翻訳学院 本書翻訳チーム（代表 高橋静香）［訳］

日本僑報社

古人の言によれば、「理は物の固然《こぜん》、事の然《しか》る所以《ゆえん》なり」（理とは物事の本質であり、すべては理によって定められる）。理念は行動の導き手であり、行動の全体、基本、方向、未来をつかさどり、構想、方針、重点がまとめて表されたものである。発展の理念が正しければ、目標や課題を確実に設定でき、あとに続く政策や措置も確実に策定できる。

理念は行動の導き手であり、一定の成果を収める実践は相応の正しい理念によって導かれる。発展の成果、ひいては発展が成功するか失敗するか、それはひとえに発展の理念にかかっている。

習近平

目次

序論 人民を中心とする新たな発展理念

いかなる社会にも、発展段階に応じたさまざまな課題が存在し、その時代の目標や重点がある。どのような発展の道を歩むべきか、どのような発展戦略をとるべきか。中国はその決断の際、独自の社会主義近代化を目指す成功への道を選択し、そのときどきの課題に対し、相応の発展観を生み出して指針としてきた。そして、実践を重ねながら、時代とともに発展観を修正し、より科学的な理念で実践を導き、発展を絶えず後押ししてきた。

目下、中国は新たな発展段階に入り、第十三次五カ年計画が始動している。同計画は、「小康社会」（いくらかゆとりのある社会）を全面的に実現するうえで最後の五カ年計画であり、中国の経済成長が「新常態」（ニューノーマル）に入って初めて策定された五カ年計画である。また、改革の徹底、法治の強化、党の綱紀粛正を全面的に進める中で策定された初めての五カ年計画でもある。

二〇一五年の中国共産党第十八期中央委員会第五回全体会議（以下、第十八期五中全会）では、以下のことが採択された。二〇二〇年までに小康社会を全面的に実現することは、党が定めた「二つの百年」（二〇二一年の中国共産党結党百周年と二〇四九年の中華人民共和国建国百周年）の目標のうち一つ目の目標である。その正念場の時期にあたる第十三次五カ年計画は同目標の達成を念頭に置いて制定していく。同時に、「四つの全面」（小康社会の全面的確立、改革の全面的深化、法治の全面的推進、党員への全面的な規律徹底）の戦略的配置を堅持し、経済、政治、文化、社会、生態文明（自然と共生する文明）ならびに党の建設を総合的に推進し、計画通りの目標達成を保障する。そして、同会議では次のことが強調して言われた。小康社会を計画通り全面的に実現し、経済と社会を持続的かつ健全に発展させるには①人民の主体的地位　②科学的な発展　③改革の深化　④法治強化　⑤国内外二つの大局への統一的な配慮　⑥党の指導を堅持する原則を順守せねばならない。第十三次五カ年計画の目標を実現し、難問を解決し、発展の優位性を深く根づかせるには、イノベーション、調和、グリーン、開放、わかち合いの発展理念を堅牢に確立し徹底させねばならない。

第十三次五カ年計画の期間、中国は引き続き大いに力を発揮できる戦略的好機の発展期にあるが、さまざまな矛盾やリスク要因の増加という厳しい挑戦にも直面する。われわれは戦略的好機の裏にある深刻な変化を見逃さず、リスクや挑戦にしっかりと対応し、なすべきことに集中し、新たな発展の境地を切り開いていかねばならない。すでに二〇一五年七月二十日に開かれた中央政治局会議で指摘された通り、「第十三次五カ年計画の期間に、わが国の発展をとりまく環境、条件、課題、要求などには新たな変化が現れる。新常態を認識し、新常態に適応し、新常態をリードして、経済と社会の持続的で健全な発展を維持するには、新たな理念、新たな構想、新たな措置が必要である。発展の理念は行動の導き手であり、その構想、方針、重点をまとめて表すものである」

第十八期五中全会で、初めてイノベーション、調和、グリーン、開放、わかち合いという五大発展の理念が打ち出された（コラム参照）。これは習近平同志を総書記とする中国共産党中央委員会

（以下、党中央）の新たな国家運営の理念であり、第十三次五カ年計画期間中の国民経済と社会の発展を指導する新たな理念である。そして、同計画の制定を具体的に導いた思想精神および構想の五本の主線であり、新たな時期における中国の実践を全面的にリードするものである。

コラム——五大発展理念

イノベーションは発展をけん引する第一の原動力である。イノベーションを国家全体の発展の核心的な位置に置き、理論、制度、科学技術、文化などさまざまな分野のイノベーションを推進し、党と国家のすべての事業においてイノベーションを徹底し、社会の風潮とする。

調和は持続的で健全な発展の持つ内在的な要求である。中国の特色ある社会主義事業全体のレイアウトをしっかり把握し、発展のさなかにある重大な関係の一つ一つを適切に調整し、都市と農村、経済と社会をバランスよく発展させる。新型の工業化、情報化、都市化、ならびに農業の近代化を同時に進行し、国家のハードパワー（軍事力や経済力などによる他国への影響力）を増強する一方、ソフトパワー（文化や価値観、思想、政策の魅力などによる他国への影響力）も増強し、調和のとれた発展を推進する。

グリーンは恒久的な発展にとって必須の条件であり、人民の思い描く幸福な生活を体現するものである。資源節約、環境保全という基本国策と持続可能な発展を堅持し、生産性の向上、豊かな生活、良好な自然という文明的な発展の道を歩み続ける。資源節約型、環境友好（環境にやさしい）型の社会を構築し、人と自然の調和のとれた発展という新しい近代化の形態を創出し、美しい中国を建設し、地球環境のために新たな貢献をする。

開放は国が繁栄するうえで必ず通る道である。国内経済が世界経済へ融合する流れにうまく適応し、互恵ウィンウィンのグローバル戦略に基づき、内需と外需、輸入と輸出のバランスをとり、進出とともに誘致を重視し、海外から資金、技術、人材を呼び込み、より高いレベルの開放型経済を発展させる。また、グローバルな経済ガバナンスと公共財の供給に積極的に参画し、グローバル経済ガバナンスにおける制度上の発言権を強め、広範な利益共同体を構築する。

わかち合いは中国の特色ある社会主義の本質的な要求である。人民のための、人民に依《よ》る、人民が成果をわかち合う発展を堅持し、効果的な制度措置を講じ、わかち合い型発展の中で人民一人ひとりが「獲得感」（物質的または精神的な利益を得た後に生まれる満足感のこと）を味わえるようにし、発展の原動力を増強し、人民の団結を強め、ともに豊かになる未来へ向かって着実に前進する。

資料出典　「国民経済と社会発展のための第十三次五カ年計画制定に関する党中央の建議」（二〇一五年十月二十九日第十八期五中全会にて採択）

一、新たな発展理念は第十三次五カ年計画の最大のイノベーションである

第十八期五中全会で初めて打ち出された新たな発展理念は、第十三次五カ年計画における最大のイノベーションであり、以下の特徴がある。

一、新たな発展理念は中国が行う世界最大級の改革開放の実践から生まれ、実践よりも高位にあり、実践を指導する。それは実践と理論の相互作用から、人民と党および国の相互作用から生まれ、「人民から生まれ人民へ返り、実践から生まれ実践へと返る」。わかりやすく誰にでも理解でき、精神的原子爆弾のように、ひとたび人民に理解されると、つきることのない創造、「創新（イノベーション）」、創業、創意の源泉となる。

二、新たな発展理念は中国独自の新しい理念である。それは歴代の五カ年計画のイノベーションとエッセンスをまとめ、先達の成果（「人を基本とする」科学的発展観など）を結集し、時代とともにさらにブレークスルーとイノベーションを重ね、科学的発展観を大きくふくらませ（「人間の全面的発達」など）、最良の実践を総括したものである。いまや中国は世界で初めて国家元首があらゆる人に向けてわかち合い型発展を約束した国となり、大国として初めて国家間の関係に双方向のグローバル化と互恵ウィンウィンの理念を宣言し、開発途上国として初めて環境配慮型の発展戦略を提唱し実行する国となった。

三、新たな発展理念の提議は五カ年計画策定過程における重大なブレークスルーとなり、計画通り小康社会を全面的に実現するために五大ルートを提示した。習近平主席は「思想がなければ魂が

宿らない、理念がなければ方向が定まらない」と言ったが、第十三次五カ年計画の魂であり、血の通った思想、観念である新たな発展理念は、同計画を効果的に統率して具体的に導いていく。そうして五カ年計画は命を吹き込まれ、無味乾燥な計画から生気に満ちた計画となる。

四、新たな発展理念は全面的な科学的発展観の構成部分であり、それ自体が発展のための壮大な枠組み、精巧な論理、具体的な構想である。科学的発展は五つの理念が相互に関わり合い、働きかけ、支え合うことによって具体的なものとなり、より一層の指導性、方向性、実行可能性を持つことになる。

五、中国の発展理念は世界に大きな影響を与えることになる。中国は世界で最も発展が成功した国の一つであり、新たな発展理念を創出した国でもある。自国のために発展の道を切り開いただけでなく、二十一世紀における南半球諸国のために発展への重要な知識と理念を提示した。新たな発展理念は開発経済学中国編の最新の理論であり、現代開発経済学の世界最良の実践である。

二、中国の発展観の変遷

経済と社会の発展を導く法則は不変ではなく、歴史の変遷とともに発展し変化していくものである[1]。中国は社会主義「現代化」の発展において相次いで異なる段階を経験し、そのつど発展観を確立し[2]、中国式社会主義の三つのバージョンを作成した[3]。

二〇一〇年、筆者たちは中国の道について検討し、以下のように総括した。中国社会主義「現代化」の発展の軌跡は決してまっすぐな道ではなく、既存の道でもなかった。それは絶えず模索し、総括し、開拓し、変化し続ける道であった。建国後の社会主義「現代化」の歴史を振り返ると、毛沢東同志の時代——鄧小平同志と江沢民同志の時代——胡錦涛同志およびその後の時代と少なくとも三代の発展観を経てきた。三代の発展観の戦略と過程を見ると、いずれも前の代を引き継ぎ、時代とともに絶えずイノベーションが施され、それぞれの時代の国情を反映し、各指導者の「現代化」とグローバル化に挑戦する姿勢が表れている。また、いずれも歴史の進歩性や合理性があると同時に、歴史の段階性や局限性もある。[4]筆者たちはそれを「中国の特色ある社会主義現代化」の「ソフトウェア版」のバージョンアップと表現した。このソフトウェアは開発設計の際、取り扱う情報と知識に常に不確実性、不完全性がともない、また必ず実際の状況との間にある種の不適応性や不協調性が生じるので、実践において繰り返し修正、追加、補足、上書きが必要とされる。その結果、作成されたのが、この相互に連関しアップグレードする「ソフトウェア版」である。旧版は新版の基礎であり、新版は旧版をパッチ、修正、アップグレードしたものである。こうして「中国の特色ある社会主義現代化」のソフトウェア第一・〇版、第二・〇版、第三・〇版が作成された。毛沢東同志の偉大な功績は第一・〇版を作成したことである。鄧小平同志の偉大な功績はそれを第二・〇版へとバージョンアップしたことである。江沢民同志は第二・〇版を充実させ、胡錦涛同志はそれを第三・〇版へとバージョンアップし、科学的発展観を打ち出し、建国後の六十年間の軌跡を集大成した。当時、筆者たちはこう予測した。今後の指導者はみなこの三版を基礎として、絶え間なくバージョンアップを繰り返し、そこから真に中国のものとなる「中国の道」を歩むことになるだろうと。[5]

党員は先人を引き継ぎ、時代とともに前進し、中国独自の発展理念をたゆむことなくイノベーションしてきた。二〇一二年の中国共産党第十八回全国代表大会（以下、第十八回党大会）以降、習近平同志を総書記とする党中央は、発展の理念と理論をさらにイノベーションし、「人を基本とする」発展ビジョンから「人間の全面的発達の促進」を経て「人民を中心とする」発展ビジョンを打ち出した。

三、人民を中心とする発展ビジョン

第十八回党大会では党規約が改正され、総綱（前文）の中の「生産の発展と社会の富の増大を踏まえて人民の日増しに増大する物質、文化面の必要を絶えず満たし」の後、特別に「人間の全面的発達を促進する」という文言が追加された。また、以下のことが強調された。「より一層自覚的に『人を基本とする』ことを科学的発展観を徹底する際の核心的立場とする。最多数の人民の根本的利益の実現、維持、発展を党および国のすべての活動の出発点と立脚点とする。人民のパイオニア精神を尊重し、人民の各権益を保障する。『人民が成果をわかち合う発展』と『人間の全面的発達の促進』の実現において、絶えず新たな成果を獲得する」

「人間の全面的発達の促進」という理念は歴代の党中央の理念と同じ流れをくむものであり、時代とともに進化した科学的発展観の成長を表している。それは科学的発展観をさらにバージョンアップしたもの、すなわち「全面的な科学的発展観」である。「人を基本とする」という概念が中国の民本主義からきているならば、「人間の全面的発達の促進」はマルクス主義の「全体的に発達した個人」という概念からきており、マルクス主義のそれをよく表しているだけでなく、中国の特色ある社会主義の基本的な特徴をもよく表している。「人間の全面的発達の促進」は、現代の中国とマルクス主義理論の完全な結合であり、イノベーションの集大成である。

周知の通り、中国の大地では、この崇高なる「人」という概念はただ単に抽象的な「人間」を指すだけでなく、十三億余りの「人民」のことである。また、通常の意味での複数を指すだけでなく、無数の複数の集まりからなる「共同体」のことである。筆者たちはそれを中華人民共和国の「発展共同体」「利益共同体」「運命共同体」と呼んでいる。中国における人間の全面的発達とは、十数億の人民の全面的な発達であり、経済、社会、文化、政治の発展に生態文明の建設を加えた五味一体の全面的な発展であり、具体的な一人ひとりの個性、自由、全面的な発展でもある。いかなる人の発達も他者（他人、組織、社会など）の助けを必要とし、その発達が他者に影響を与えることから、両者の間には発達の相互補完性、連関性が生じる。よって、そこには個人の個性、自由、全面的な発達だけでなく、他者とのわかち合い、協同、働きかけがある。

第十八期五中全会で採択された「国民経済と社会発展のための第十三次五カ年計画制定に関する党中央の建議」では、「人民を中心とする発展ビジョンを堅持し、人民の幸福の増進、人間の全面的発達の促進を発展の出発点と立脚点にする」という「人民の主体的地位の堅持」の基本原則が示された。

国家五カ年計画とはいったいどんな計画なのか。誰のための計画なのか。その核心理念は何なのか。「十三・五計画綱要」、その正式名称は「中華人民共和国国民経済和社会発展第十三個五年規劃綱要」（中華人民共和国国民経済と社会発展のための第十三次五カ年計画要綱）である。その名の通り、それは国家の発展計画であり、国民経済と社会の発展に関わり、生態文明建設や環境保護など各分野に及ぶが、本質からいってそれは人民の計画であり、人民の発展の計画であり、人民が発展の成果をわかち合う計画である。よって、「人民の主体的地位」を堅持してこそ、国家五カ年計画は以下の点を具体的に表すことができるのである。

一、人民は国家の発展の主体であり、起業の主体である。

二、人民は国家の発展を推進する根本的な原動力である。

三、人民は国家のイノベーションの主体である。

四、人民は発展の成果をわかち合う主体である。

早くも一九四五年に毛沢東同志は「人民、ただ人民のみが世界の歴史を創造する原動力である」[6]と言っている。人民の発展計画ととらえることができる国家五カ年計画は、人民を中心とする発展ビジョンを堅持し、人民の幸福の増進と人間の全面的発達の促進を発展の出発点と立脚点とし、マクロ的な国家発展計画を人間の全面的発達の促進計画と有機的に結びつけている。これこそ人民の歴史を創造する原動力の所在であり、中国の持続的な発展を成功させるイノベーションの所在である。

どうすれば十三億余りの人民からなる共同体が、ともに発展し、ともにわかち合い、ともに豊かになることができるのか。これは中国だけの難問ではなく、世界の難問であり、これまで世界のどの国もその答えとなるモデル、事例、手立てを中国に示すことはなかった。これは中国が自らイノベーションしなければならないことで、今後はそれが世界のイノベーションとなる。五カ年計画のイノベーション、制定、実施は、民主的な意思決定、国家ガバナンス、科学的管理の世界最大の成功事例であり、国際社会と各国から注目を集めている。

四、新たな発展理論と人間の全面的発達

科学的発展観は中国独自の発展観であり、新たな時期における中国の道の最も優れたところをまとめたものである。今後のかなり長期にわたるテーマであり、各分野の活動の根本的な指針でもある。第十八回党大会の報告は、科学的発展観をわが国の近代化建設の全過程に徹底させ、党建設の各分野で実行に移すよう強調して求めている。われわれは断固として科学的発展観を堅持し、実践を通じて科学的発展観をよりふくらませ、さらに解釈を深めていかねばならない。

第十八期五中全会では、発展の優位性を根づかせ、難問を解決し、第十三次五カ年計画の発展目標を実現するためには、イノベーション、調和、グリーン、開放、わかち合いの発展理念を強固に確立し徹底する必要があると強調して指摘された。科学的発展観の重要な構成部分であるこの五つの発展理念には、中国の伝統文化のエッセンスが自覚的に継承され、時代の新たな動向や特徴がよく表れており、実践における貴重な経験が十分に総括されている。

新たな発展理念はそれ自体が壮大な枠組み、精巧な論理、具体的な構想である。五つの発展理念が相互に関わり合い、働きかけ、支え合うことで、科学的発展はより具体的なものとなり、さらに指導性、方向性、実行可能性を持つことになる。

新たな発展理念はそれぞれが独立したものではなく、互いに働きかけ、融合し、通じ合っており、

統一の目標がある。イノベーションは発展の原動力であり、調和はそのスキル、グリーンはモデル、開放はアシスト、わかち合いは目標、安全は保障である。新たな発展理念の核心は人間の全面的発達であり、最終目標はその実現である（図1参照）。これは党規約と一致する理念であり、発展目標の最終的な帰着点である。

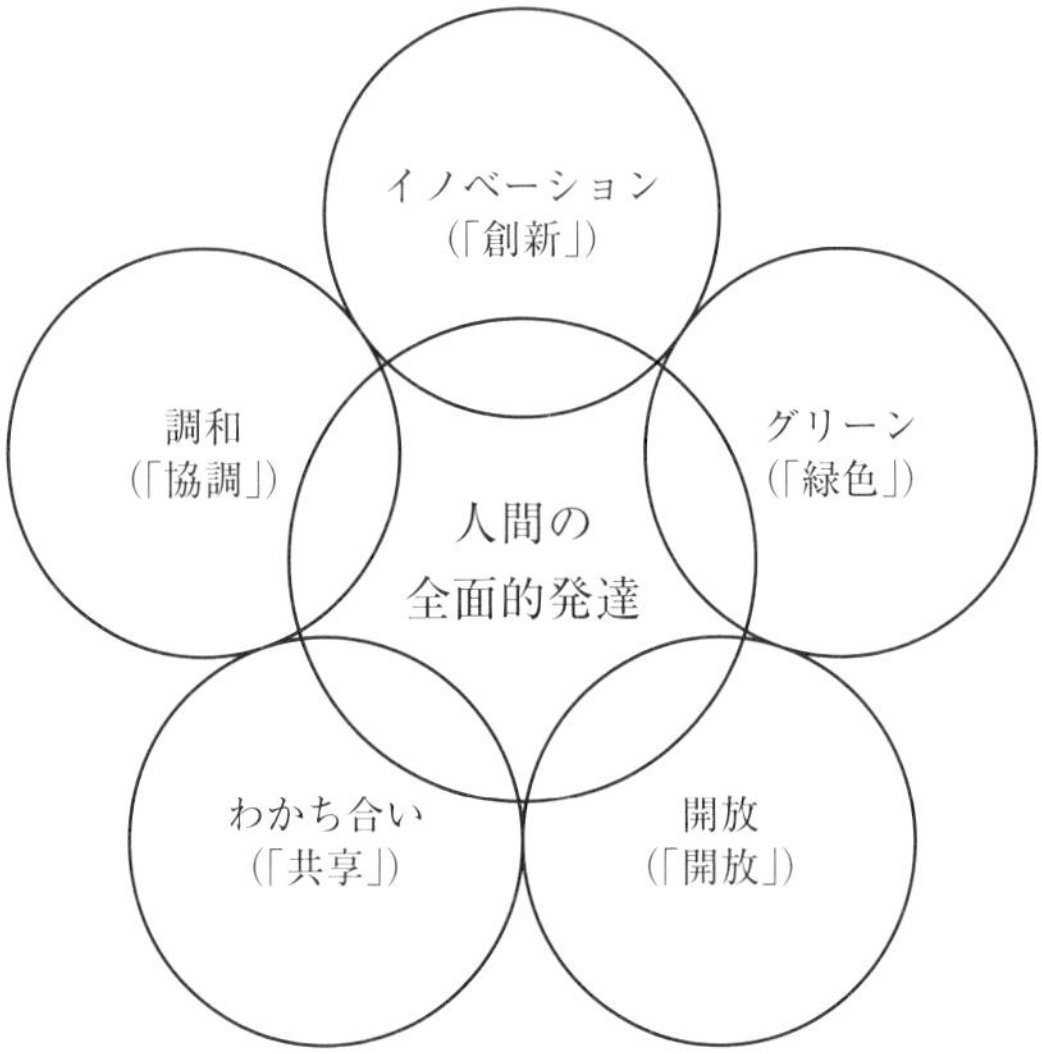

図1、新たな発展理念と人間の全面的発達

五、人間のライフサイクルと五カ年計画

それでは、発展理念の核心である人間の全面的な発達を、新たな発展理念または五カ年計画はどのように促進し、それを体現するのだろうか。また、どのようなミクロ的基礎があり、どのような法則に基づいて策定されたのだろうか。

中国固有の五カ年計画はその名の示す通り「国民経済と社会発展のための」国家計画であるが、本質は「人を基本とする」「人間の全面的発達」という人民のための計画である。

五カ年計画の歴史を振り返ると、党中央と国務院は絶えずイノベーションを行い、そのつど国を豊かにする核心理念を確立し、五カ年計画の策定と実施を導いてきた。例えば、第十次五カ年計画策定の際に打ち出された核心理念は「発展は絶対的な道理だ」[7]であり、第十一次五カ年計画では「人を基本とする科学的発展の堅持」[8]、第十二次五カ年計画では前計画の核心理念「人を基本とする」ことが引き継がれ、「人を基本とする科学的発展観」となった[9]。まさにこれらの核心理念が五カ年計画の策定から編成、実施に至る全過程の指針となり、すべての人民の幸福の増進と人間の全面的発達の促進のための壮大な青写真、ルートマップとなった。

「人間の全面的発達の促進」という表現はマルクス主義の「全面的に発達した個人」という考えを十分に表し、さらには中国の特色ある社会主義社会の基本的な特徴をも十分に表している。「人間の全面的発達の促進」の理念は歴代の党中央の理念と同じ流れをくみ、また時代とともに進化して核心理念自体の「発展」をも表している。それは確かに物質から精神へ、そしてまた精神から物

質へと双方向に作用する循環サイクルである。

「人を基本とする」「人間の全面的発達の促進」には、人間のライフサイクルについて全面的な理解と正確な認識が必要であり、必ずそれに沿って行う必要がある。これはまた五カ年計画策定のミクロ的基礎でもある。つまり人間のライフサイクルを起点とし、各段階において多様な人的資本投資を持続的に行い、基本的な公共サービスを提供し、すべての人民をカバーする社会保障システムを整備する。そうして人々のさまざまな能力を向上させる。

人間の能力は積み重ねのプロセスであり、年齢とともに向上することから、人間のライフサイクルの関数である。また人的資本投資の増加によっても向上することから、人的資本投資の関数でもある。とはいえ、同じ関数でも両者には多少違いがある。前者は人の寿命が有限であることから相対的に有限であるが、後者は人的資本投資の規模に限りがないことから相対的に無限である。いわゆる「人生には限りがあるが、イノベーションは無限である」。人間の能力とは、その人が一生のうちに自分で徐々に蓄積したものであり、さらにいえば、人的資本投資を通じて徐々に蓄積した能力の総合である。

人間のライフサイクルには二つの軸がある。一つは年齢で、胎児期から乳児期、幼児期（就学前）、学童期、少年期、青年期、成年期、老年期、高齢期（八十歳以上）に分けられる。もう一つは能力で、心身の健康、学習教育、文化および文明、就業および起業、社会保障の各分野に分けられる（表０－１参照）。また、このほかに人の生活環境の質（特に大気、水、食品など）も含まれる。

人間の総合能力はこの二つの軸からなる長方形の面積で表される。平均寿命が延びれば、人間の総合能力も向上する。これは現代の中国にとって大きな意味がある。全国の平均寿命は建国前の三十五歳から二〇一五年には七十六歳となり、一人当たり寿命が四十一年延びた。そして、総人口は五億四千万人から二〇一五年には十三億七千万人に増え、全体からみると、寿命は三百四十億年も延びたことになる。年齢軸の辺の長さ（平均寿命または健康寿命）が一定の場合、能力軸の辺を長くすれば面積を増やせるので、少なくとも前の時代よりも後の時代の人の総合能力を高めることは可能である。つまり、人間の総合能力（面積）はより多くが能力軸の辺長によって決まる。そして、人間の能力の向上はその地域または国が行う人的資本投資、基本公共サービスによって決まる。

人間のライフサイクルからいえば、人間の近代化の本質は人的資本へ投資し、人間の能力軸の辺長を伸ばし、能力の蓄積を加速することである。そのためには、近代的な公衆衛生投資、近代的な教育投資、公共文化投資、近代的な市場経済および社会保障制度などが必要になる。人的資本論からいえば、人的資本投資を受けた人は自身が利益を得るだけでなく、波及効果や正の外部性により、その家族や他者、社会も利益を受けることになる。

人は自然人であるのみならず、社会人でもある。そのため、各発達段階において、それぞれ個人のニーズと社会のニーズがあり、相応の人的資本投資と社会資本投資（社会保障を含む）が必要である。長期にわたり人的資本投資と社会資本投資（教育支出総額の対GDP比、総保健医療支出の対GDP比、研究開発費の対GDP比、社会保障および雇用支出の対GDP比など）を強化し、その後にすべての人間の能力を合計した値が社会全体の進歩となるが、中国においてはそれは十三億人民の不断の進歩、集団の進歩、巨大な進歩なのである。

上述した内容は、新たな時期（高中所得に入り高所得を目指す段階）における中国の新たな発展ビジョン、新たな発展理念、五カ年計画のミクロ的基礎であり、発展の実践および理論のイノベーションである。

人々は国家発展計画は国のことであり、自分たち庶民は関係ないと思っている。これは五カ年計画（国家計画と地方計画を含む）の位置づけがはっきりしていない、計画の目的がわかりづらいことからきている。実際のところ、マクロ的な国家発展計画、あるいはマクロとミクロの中間であるメゾ的な地方発展計画には多方面にわたるミクロ的基礎づけがなされており、その核心目標は「人を基本とし、人間の全面的発達を促進する」ことである。特に発展計画中の社会の発展と建設の章では「人民の生活改善」が強調され、人間のライフサイクルや総合能力と結びつけ、ほぼ全人民のライフサイクルおよび各種公共サービスのニーズに対応し、主だった社会保障がカバーされている。人的資本投資、社会資本投資からいえば、国家発展計画はまさに人間の全面的発達の計画であり、マクロ的な国の計画とミクロ的な人間の発達との関係、整合、相互作用、ニーズを具体的に表している。

こうしたことから、国家発展計画は人民の発展計画、もしくは党と政府が人民のために誠心誠意尽力する計画であるといえよう。ここでいう尽力とは能力の各分野が必要とする公共サービスのことである。したがって、公共サービスは人間の全面的発達を促進する人的資本投資でもある。これは短期的にも長期的にも回収が見込める有効な投資であり、個人にとっても社会にとっても収益が最も良い投資である。この意味からいえば、五カ年計画というのは十数億の人民の全面的な発達を促進する計画なのである。

表 0-1　人間のライフサイクルと人的資本、公共サービスの指標

ライフサイクルの各段階	健康	教育	文化	就業	社会保障
胎児期から乳児期	産前産後の健診受診率、入院分娩率の向上 妊産婦死亡率、新生児死亡率、乳児死亡率、先天異常出生率の低下	妊産婦への保健指導			基本医療保険加入率
幼児期（就学前）	5歳児未満死亡率の低下	幼児の両親に対する教育指導、就学前教育粗入園率、バイリンガル教育	公共文化サービス		基本医療保険加入率
学童期	児童保健サービス	小学校就学年齢における純就学率、義務教育定着率、バイリンガル教育	公共文化サービス		基本医療保険加入率
少年期	少年の保健と体力増進	義務教育定着率、バイリンガル教育	公共文化サービス		基本医療保険加入率
青年期	青年の保健と体力増進	高校粗進学率、大学など高等教育機関粗進学率、新規就職者の平均教育年数、継続教育参加率の向上	公共文化サービス	就業率の向上、労働契約締結率の向上、社会人教育年間参加率の向上、青年失業率の抑制と調査	
成年期	成年期の保健と体力増進 慢性疾患制御率の向上	継続教育参加率の向上	公共文化サービス	社会人教育年間参加率の向上、失業率の抑制と調査	基本医療保険加入率、基本養老保険（日本の年金に相当）加入率
老年期	老年期の保健と体力増進 慢性疾患制御率の向上	老年期教育	公共文化サービス		基本医療保険加入率、基本養老保険加入率
高齢期（80歳以上）	高齢期の保健、慢性疾患制御率の向上	高齢期教育	公共文化サービス		基本医療保険加入率、基本養老保険加入率
核心指標	平均寿命の引き上げ	平均教育年数の引き上げ	公民のモラルと素養の向上、国民の精神文化生活を豊かにする	比較的完全な雇用の実現	国民皆社会保障制度

注：筆者が国家五カ年計画に基づき作成。

（1）ここでは以下の毛沢東同志の問題提起のスタイルを参考とした。「戦争の状況のちがいが、異なった戦争指導法則を決定するのであり、それには、時間、地域および性質上の差異がある。すべての戦争指導法則は、歴史の発展に従って発展し、戦争の発展に従って発展するのであり、一定不変のものはない」毛沢東「中国革命戦争的戦略問題（中国革命戦争の戦略問題）」（一九三六年十二月）『毛沢東選集』第一巻、人民出版社、一九九一年、一七三～一七四頁〔中国共産党中央委員会毛沢東選集出版委員会編『毛沢東選集』外文出版社、一九五一年〕

（2）胡鞍鋼、王亜華『国情与発展（国情と発展）』清華大学出版社、二〇〇五年、一六三～一六七頁

（3）王紹光「横空過雨千峰出（空を雨が通り過ぎ千峰出《い》づ）」『大道之行（大道の世）』序文、二〇一五年二月

（4）胡鞍鋼『中国：新発展観』浙江人民出版社、二〇〇四年

（5）胡鞍鋼「真知源于実践　創新来自地方（真の知は実践から　イノベーションは地方から）」『国情報告』二〇一〇年第二十二期掲載、二〇一〇年七月二十九日

（6）毛沢東「論聯合政府（連合政府論）」『毛沢東選集』人民出版社、一九九一年、一〇三一頁

（7）「国民経済と社会発展のための第十次五カ年計画制定に関する党中央の建議」（二〇〇〇年十月十一日、第十五期五中全会にて採択）

（8）会議では以下の指示があった。経済と社会の発展の全局を揺らぐことなく科学的発展観で統率し、「人を基本とする」ことを堅持して発展観念の転換、発展モデルの革新、発展の質の向上を行い、経済と社会の発展を全面的に調和のとれた持続可能な発展の軌道に乗せる。「国民経済と社会発展のための第十一次五カ年計画制定に関する党中央の建議」（二〇〇五年十月十一日、中国共産党第十六期中央委員会第五回全体会議〔以下、第十六期五中全会〕にて採択）

（9）会議では以下の指示があった。現代の中国では、「発展は絶対的道理だ」を堅持するその本質的な要求は、科学的発展観を堅持することである。そのうえで「人を基本とする」ことをさらに重視し、全面的に調和のとれた持続可能な発展、統一的な計画と各方面への配慮、人民の生活の保障と改善にさらに注力し、社会の公平と正義を促進する。「国民経済と社会発展のための第十二次五カ年計画制定に関する党中央の建議」（二〇一〇年十月十八日、第十八期五中全会にて採択）

第一章　イノベーションの発展理念

現代の経済成長の特徴からみると、異なる発展段階にある国や地域にはそれぞれ異なる発展の駆動力がある。概括すると、低所得段階は基本的に土地、資源、エネルギー、労働力といった生産要素による駆動である。中所得段階は基本的に資本要素による駆動で、国内貯蓄率、投資率、投資規模が極めて重要になる。やや高所得の段階は基本的に技術要素による駆動で、通常大規模な技術導入が関係する。そして、さらに高所得の段階になると、イノベーションによる駆動が必須となる。

経済成長の段階からいえば、中国は今まさに高速成長から中高速成長へ、総量の拡大から構造の最適化へ、ミドルローからミドルハイへ、資本要素による駆動から技術革新による駆動へと転換する新常態に入りつつある。イノベーションを堅持してこそ、経済社会が発展するうえで生じる難問を解くための新たな構想が生まれ、発展を促進する新たな動力が生まれる。そして、わが国は「中所得国の罠」に陥らずに経済の新常態をリードし、中所得国から高所得国へ、世界の経済大国から世界の経済強国へと歴史的な転換を遂げることができる。

外部環境からいえば、グローバル化と競争が目下、世界経済の大きな背景、トレンドであり、潮流となっている。新ラウンドの技術革命と産業革命の芽が育まれ、イノベーションを中心とした総合国力の競争が世界経済の枠組みを作り変える主な力となりつつある。主要国は続々と新たなイノベーション戦略を打ち出し、技術革新の突破口を模索し、率先して布石を打ち、将来の経済と技術の主導権を握るため、先発優位を獲得しようとしている。こうした状況下では、イノベーションを堅持し、より多くの駆動力を生んで先発優位を発揮していくけん引型発展を創出しないかぎり、競争に立ち向かって後を追い、懸命に追い越そうと努力し、結果的に世界のイノベーター、リーダーとなり、技術コピー国から技術イノベーション国へ、科学技術大国から科学技術強国へと転身することはできない。

イノベーションは今後、中国経済が中高速の健全な成長を続けるための駆動力であり、「中所得国の罠」に陥らないための根本的なルートである。キャッチアップ型の成長からイノベーション型の成長へ、イミテーションからイノベーションへ、後続国から先導国への転換は、中国の特色ある社会主義の道を切り開くための大きな課題、方針、戦略であり、計画通り二〇二〇年までに小康社会を全面的に建設し、中華民族の偉大な復興という百年の夢を実現するうえで、重要な現実的意義と深遠な歴史的意義を持っている。

一、思想のよりどころ

イノベーションは以下の三つの思想をよりどころとする。

イノベーションの思想は数千年に及ぶ中華文明の哲学思想に根ざすものであり、それは現在も中華民族の血となり流れ続け、われわれの歴史を形作っている。

殷周時代の『周易』益卦《えきか》にはすでに「およそ益の道は時とともに行わる」というイノベーションの考えが示されている。これはルール、大勢、時代、事実を把握し、それぞれの状況に応じて考え方、方法、技術を変えてこそ、方針を定め成果を上げることができると示している。同じように素朴な弁証法的唯物思想を主張した明末の啓蒙思想家、李卓吾の言葉に「昨日は是《ぜ》にして今日は非なり、今日は非にして後日また是なり」というものがある。(1)世の中は次々に変化し、常に新しい状況、新しい問題が生まれているから、たえず態勢を新しくし、一つのやり方に固執することなく考えを変えていけば流れをとらえ、時代のトップに立つことができる。

『礼記』の大学篇は「まことに日に新たに、日に日に新たに、また日に新たなり」として、動的な面からイノベーションの必要性と継続性を訴える。常にイノベーションを継続してこそ社会の前進に適応し、またそれを推し進められるというものである。さらに、理学の基礎を築いた北宋の程顥《こう》・程頤《い》兄弟の「君子の学は必ず日々新たにして、日々新たなる者は日々進むなり。日々新たならざる者は必ず日々退き、いまだ進まずして退かざる者あらず(2)」は、イノベーションし続けることの重要性を逆説的に述べたものである。

中華文明においてイノベーション思想およびヒューマニズムは「周は旧《ふる》き邦《くに》なれども、その命《めい》はこれ新たなり(3)」「世《よ》異《こと》なれば則《すなわ》ち事異《こと》なる。事異なれば則ち備《そな》え変《へん》ず(4)」といった名言に示されているだけでなく、「窮《きわ》まれば則ち変じ、変ずれば則ち通じ、通ずれば則ち久し(5)」といった諺として古くから人びとの精神に染み込んでいる。このような極めて奥行きのある文化的基盤はわれわれが全面的改革を進めるための助けとなるだけでなく、政策の実施において物事を考え処理するためのモチベーションや自信を向上させる精神的な支柱となる。

次に、われわれのイノベーション思想が西洋の伝統理論を参照しつつ、それを超えるものであることを述べたい。シュンペーターの唱えた資本主義の典型的イノベーション理論によれば、イノベーションは革命的変化であるとともに、既存の製品、技術、生産法に対する「破壊」をも意味する。いわゆる「イノベーション」とは、新しい生産関数を生みだすことであり、これまでなかった生産要素および生産条件に関する「新結合」を生産システムに導入することである。

イノベーションの主体は企業家であり、企業家の務めは「イノベーション」の実現と「新結合」の導入であり、これこそが資本主義の発展における「魂」である。いわゆる経済発展とは企業家のイノベーション精神のもと、資本主義社会全体がこの「新結合」を実現していくプロセスである。「イノベーション」は具体的に次の五つを指す。㈠新製品の導入　㈡新技術すなわち新しい生産法の導入　㈢市場開拓　㈣原材料サプライヤーの開拓　㈤新しい企業組織の実現。[6]イノベーションをある経済組織が本来有する発展のための動力とみなすシュンペーターにとって「イノベーション」は「内在的要素」であり、また、「経済発展」は「自らの創造性が引き起こす、経済生活に関わる変化」である。このような意味で、シュンペーターの思想は経済発展の自発性を示している。

現在、中国の社会主義イノベーションはシュンペーターの思想のエッセンスを参照し吸収するとともにその限界を乗り越え、十数億の人民がともに参加し、わけ合えるイノベーションとなっている。たとえば、「インターネットプラス」戦略は単純な「破壊的イノベーション」ではなく「建設的イノベーション」であり、「わかち合い可能なイノベーション」である。企業家だけではなく大衆や政治家を含めた人民のイノベーションであり、技術や市場だけにとどまらない意識、組織、構造、制度の改革である。

第三は、現代中国のイノベーションに理論的基盤を提供するものとして、マルクス主義政治経済学について見てみよう[7]。人間の全面的な発達を基本的な立場とするマルクス主義政治経済学は、経済発展、社会発展、自然発展のルールを自覚的に理解、尊重することを強調し、社会発展の基本的な推進力は生産力の成長にあるとする。

現在のわが国の中心的発展思想は、マルクス政治経済学を基本とし次第に築きあげられてきたものである。マルクスはかつて「社会における生産力とは、一番に科学の力だ[8]」と明言した。ではいかにして科学の力を伸ばし生産力を上げるのか。なかば閉鎖的な状況にあった建国初期、毛沢東同志は早くも反保守と科学技術の飛躍的発展を唱えていた。「われわれは他国がすでに通った技術発展の道を歩むべきではない、人の後ろをのこのことついてゆくべきではない。われわれは慣例を打ち破り、先進技術の採用に努め、すみやかに近代的な社会主義強国になるのだ[9]」。このイノベーション思想は、全国の科学技術力を結集し、後進国であることの利点と社会主義国としての強みを生かし、重要科学技術プロジェクトを実現するための思想的基盤となった。

改革開放後も党中央は以下のように新しいイノベーション思想を絶えず発信し続けてきた。鄧小平同志の「科学技術こそ生産力[10]」から「科学技術こそ一番の生産力[11]」に至る発言。江沢民同志の「イノベーションは民族の進歩の魂、国家繁栄のための無限の推進力[12]」、胡錦涛同志の「自主開発の道を歩みイノベーション型国家を建設する[13]」との発言、習近平主席の「イノベーションを推進力とする発展戦略」および「生産および投資を推進力とする発展からイノベーションを推進力とする発展への転換[14]」など。

イノベーションの思想はマルクス主義政治経済学の分析法と基本理論を参照しつつ、中国独自の社会主義発展観として発展、継続してきたものである。その思想は党中央が経済発展を推進する中で感じ取ったエッセンス、改革を指導する上での法則的総括、新しい状況と問題に応じながら獲得した中国発展観の重要理論である。

二、これまでの実践

六十年余りの発展の歴史を振り返ると、「一に経済的困窮、二に文化的空白」という科学技術の落伍者だった中国はいまや世界に影響力を持つ科学技術大国へと成長した。中国の自主革新の道はイノベーションの道である。そして、イノベーションの道は発展を成功へと導く道である。中国のイノベーションの道は技術後進国に向けて、落伍者から追いかける者へ、そしてさらに追い越す者へとなるための「コーナー追い越し（オーバーテイク）」の道を提示している。

自主革新の歴史を切り開いたのは毛沢東同志である。当時の党中央の基本的な判断によると、中国の科学技術は世界の科学技術先進国より数十年遅れていた。[15] 一九五六年一月、毛沢東同志は第六回最高国務会議の席上で、将来を見据えた構想を打ち出した。「わが国の人民は遠大な計画を持つべきであり、経済や科学、文化の立ち遅れた状況を数十年以内にすみやかに改善し、世界の先進レベルに到達するよう努力せねばならない[16]」。毛沢東同志のこの壮大な構想に基づいて、政府は「一九五六―一九六七年科学技術発展長期計画」を策定し、「発展を重点とし、先頭に追いつく」という科学技術キャッチアップ方針を定め、十三分野にわたる五十七項目の重大課題を提示した。さらに同計画では以下のことが指示された。基本原則は自力更生であるが、外国のあらゆる長所を謙虚に学ばねばならない。外国の長所を学ぶこと、外国の科学的遺産を継承発揚して自国の経験を総括すること、この二つを結びつける必要がある。[17] これが新中国にとって科学技術の立ち遅れを改善し、先進国に追いつく夢のための初めての青写真となり、科学技術の発展のために重要な基礎を築くことになった。

一九六四年になると、中国は「世界一流の科学者やエンジニアを抱え、一部の研究成果が世界の先進レベルに近づき、中には達するものも現れた[18]」。先進諸国との科学技術レベルの差は急速に縮小し、キャッチアップ目標のいくつかが達成された。そこで、毛沢東同志は明確なキャッチアップ路線を打ち出した。「われわれはこれまで諸外国が技術発展のために通ってきた、人の後ろから一歩一歩ついていくような道を歩んではならない。われわれは慣習を打破し、先進技術をできるだけ導入し、それほど長くない歴史的時期において、わが国を現代化した社会主義強国に築き上げるのだ[19]」

一九七〇年代末、中国はグローバル化、キャッチアップ、イノベーションを模索する時期に入った。一九七八年三月、鄧小平同志は全国科学大会の席上で初めて「科学技術は生産力だ」という有名なスローガンを提唱した。会議ではさらに「一九七八―一九八五年全国科学技術発展計画に関する要綱（草案）」が採択され、科学技術に関する奮闘目標が定められた。同年十二月、中国共産党第十一期中央委員会第三回全体会議（以下、第十一期三中全会）コミュニケではさらに一歩踏み込んで、「自力更生の基礎のうえに他国との平等互恵の経済協力を積極的に発展させ、世界最先端の技術と設備の導入に努める[20]」となり、技術導入を主とし、第一生産力である科学技術の力を発揮させるという基本方針が確立した。

二十世紀末から二十一世紀初頭はイノベーションの開拓段階である。自主革新の道を切り開くことが主要方針となり、科学技術教育立国戦略が実施された。一九九五年九月、中国共産党第十四期中央委員会第五回全体会議（以下、第十四期五中全会）で初めて科学技術教育立国戦略の実施と、科学技術および教育を経済と密接に結びつけることが採択された。具体的には以下の通りである。一、科学技術成果の商品化、産業化を加速する。二、ハイテク技術およびその産業を積極的に発展させる。三、基礎科学研究を強化し、世界の最先端を目指し、重点的に難しいテーマに取り組み、中国にとって優位な分野で大きな進展を遂げる。(21) 全体的にみて、依然として先進国の後を追いかける路線であるが、これにより中国はキャッチアップのプロセスを加速し、特に情報化、ネットワーク化、ハイテク技術の分野で距離を縮めることができた。

二〇〇六年一月、胡錦涛同志はさらに、「中国の特色ある自主革新の道を断固として歩み、自主革新の力を近代化建設の各分野に徹底させる」と明言した。これを受けて、国務院は「国家中長期科学技術発展計画要綱（二〇〇六―二〇二〇年）」を制定し、二〇二〇年までにイノベーション型国家にする具体的な目標を定めた。

二〇一二年十一月の第十八回党大会の後、中国は全面的なイノベーションの段階に突入し、第十八回党大会の報告でイノベーション駆動型発展戦略をはっきりと打ち出した。二〇一四年十一月九日、習近平主席はアジア太平洋経済協力（ＡＰＥＣ）首脳会議で、新常態が中国の発展に新たなチャンスをもたらし、中国のイノベーションを新たな段階に進ませるだろうと明言した。二〇一五年三月、党中央と国務院は「体制メカニズム改革の深化によるイノベーション駆動型発展戦略の実施加速に関する若干の意見」を公表し、イノベーションによる発展の全体構想、主要目標、具体的措置を明らかにした。第十八期五中全会でもまたイノベーションによる発展が提議され、「イノベーションを国家発展の全局に核心として位置づける」と定められた。これは国を挙げてすべての人民が一丸となってイノベーション時代に突入することを意味している。

中国は「科学に向かって進軍」から「しきたりを打破し、飛躍的な発展」へ、「科学技術は生産力」から「科学技術は第一の生産力」へ、「科学技術教育立国戦略」から「自主革新力の向上」へ、「イノベーション型国家の建設」から「イノベーション駆動型発展戦略」へ、さらに「イノベーションの発展理念を堅持し、イノベーション駆動によってより一層先発優位を発揮するけん引型発展」へと転換してきた。これは党中央の実践のイノベーションが絶えず深化していることを具体的に表し、新たな時期における党の国政運営方針の発展と昇華を表している。そして、これが中国のイノベーションを常に新たな段階へ、新たな高みへとけん引する重要な礎《いしずえ》となっている。

こうして歴史の軌跡を振り返ってみると、そこに強い願いがあるかどうか、イノベーション戦略を計画実施する力があるかどうか、それがその国が科学技術後進国から開放、改革、キャッチアップを経てイノベーション主導型へとなるための鍵であることがわかる。その点からいえば、中国のイノベーションは歴代の党員が中国の特色ある発展の道を追及、模索、変革してきた実践の成果であり、党が国政運営の過程で常に総括し深化、発展を遂げてきた運営の成果であり、科学技術後進国が対外開放し、真っ向から立ち向かい、懸命に努力し、キャッチアップしてきた現実の大きな成果である。

三、イノベーションの発展理念が求めるもの

改革の実践からみて、筆者はイノベーションを「新たな社会的価値を創造する（各種の）活動」と定義する。ここには三つの要点がある。一、既存の価値ではない、新たな価値を生む。二、創造する価値は主に社会的価値であり、正の外部性を持つ。三、イノベーション活動には技術革新のほか、関連する資金の投融資、新技術の研究開発、革新された技術の知的財産権保護、デモンストレーション、応用、普及などが含まれる。

従来のイノベーションの概念は、成長があっても発展がなく、技術があってもメカニズムがなく、企業はいても人がいなかった。党中央の掲げるイノベーションの発展理念はこれらの点をさらに深く掘り下げて充実させ、それにより中国のイノベーションは従来のイノベーションをはるかに超え、人類史上かつてないものとなった。

一、中国のイノベーションは経済成長を求める資本主義のイノベーションとは異なり、社会的価値の全面的な変革である。

シュンペーターの定義では、いわゆるイノベーションとは新たな生産関数の設定であり、生産の「新結合」が新たな経済的価値を実現するプロセスである。これに対して、中国の場合、新たな社会的価値を生む活動はすべてイノベーションであり、多くの分野が含まれる。企業家は経済的価値を創造し、科学者は科学的価値を、エンジニアは技術的価値を、教師は人的資本の価値を、環境保護団体は生態系価値を、さらに芸術家や文学者は歴史に残る文化的価値を創造する。

さらに重要なのは、中国のイノベーションはひとたび国の駆動力や核心戦略になると、もたらされるものは物質的生産力だけでなく、技術、文化、教育、知識、生態系の生産力に直接転化できることである。そのため、その範囲は科学技術や経済学の分野から、技術革新を中心とした理論、制度、文化などを含む全面的なイノベーションへと広がり、経済社会を発展させるさまざまな分野を貫くことになる。これはシュンペーターの概念のイノベーションを超え、欧米諸国の資本主義のイノベーションをも超えている。この意味からいえば、中国の社会主義経済のイノベーションは資本主義経済のそれよりも必然的に優れていることになる。それは資本主義経済のイノベーションが前資本主義経済のそれよりも優れているのと同じである。中国のイノベーションが優れている根拠として次の点が挙げられる。①中国の人口規模およびイノベーション主体が欧米諸国を超えている②共産党の指導する国および社会のイノベーションが欧米諸国を超えている　③二者間および多者間が協力するイノベーションである。

二、中国のイノベーションは技術革新に限らず、多様なイノベーションメカニズムの集積である。

中国のイノベーション型発展は歴史的に極めて低い出発点から、自主革新による「技術キャッチアップ」の道のりを経て、多様なメカニズムの集積を総合的に発揮させてきたプロセスである。このプロセスはイノベーション型発展の一つの重要な法則を示している。それは近代化する後進国は、先進国との間に技術面で大きな差があるが、明らかな後発優位とスケールメリットがあり、一つではなく複数のイノベーションメカニズムを通じることにより、キャッチアップの時間を大幅に短縮できることである。

この複数のイノベーションメカニズムには以下のものがある。科学技術の導入（T1）、科学技術の再革新（導入、模倣、集積のイノベーションを含む）（Ｔ２）、新たな科学技術を生む自主革新（Ｔ３）。このほか、中国のように十数億の人口を抱える大国にはさらに特別な強みがある。すなわち巨大な国内市場（Ｔ４）と世界市場（Ｔ５）である。[22] このような総合的な複数のイノベーションメカニズムが、中国にとって技術、情報、知識、経済の分野でキャッチアップを実現する主要なルートとなっている。

三、イノベーション型発展の出発点、立脚点、核心点は「人を基本とし、人民を主体とする」ことである。

出発点についていえば、イノベーション型発展の根本的な原動力は人のイノベーション活動である。そこには学者、科学者、エンジニア、芸術家などによる活動が含まれ、さらには七億七千万人の労働者、十三億の人民の活動も含まれる。イノベーションの発展理念のもと、イノベーターはイノベーション行為の主体であるだけでなく、その行為と理念の受益者、伝達者、享受者でもある。無数のイノベーターや企業家が日々ミクロイノベーションを営み、それらを集めると思想、知識、技術の巨大な集積となり、社会指標レベルの成長を生じさせ、全体として世界最大級のイノベーションとなる。

立脚点についていえば、イノベーション型発展の根本的な目的は人民の活力や想像力をかき立て、生産力を引き上げることであり、これは中国が迅速にイノベーションを先導するための重要な条件である。同時に、トップダウン式の国家改革や制度改革はイノベーションをよりうまく保護、奨励するためのものである。例えば、中国は一九八五年に「特許法」を施行したが、わずか三十年（一九八五―二〇一五年）で米国の特許制度施行二百二十五年（一七九〇―二〇一五年）の道のりを歩み終わり、今では米国を追い抜いて世界一の特許出願国ならびに授権国になっている。[23]

核心点についていえば、社会主義の近代化の本質は人の近代化であり、イノベーションの発展理念の主旨は最終的にすべての人の発達であり、社会主義の制度的優位、政治的優位を十分に発揮し、十数億の人民に継続的に人的資本投資を行い、発達の機会を提供し、能力を高めることである。

イノベーションを推進するには、それを促す体制の枠組みを構築し、より多くがイノベーション駆動によって先発優位を発揮するようなけん引型発展を創出しなければならない。[24]そのためには、技術、経済、制度にわたってイノベーションの法則を順守する必要がある。

技術革新の法則からいえば、三つのイノベーションが必要である。すなわち独創的イノベーション、既存技術の統合によるイノベーション、技術の導入、消化、吸収による改良イノベーションであり、[25]これにさらに協働によるイノベーションへの転換も加えるべきであろう。[26]多種のイノベーションメカニズムがあるのは、将来の国内経済一体化、地域（東アジアとアジア地域）の経済一体化および貿易自由化に適応しやすくするためであり、経済一体化、貿易自由化、投資自由化、サービス分野の簡素化といった第四次グローバル化の流れにうまく乗るためである。これは「川の流れに従って舟を推し進める」ように時流に乗った措置である。

中国は第一次グローバル化（一八七〇―一九一三年）では被害者だった。その後、相次いで第一次世界大戦、世界恐慌、第二次世界大戦が起き、一九五〇年になってようやく世界貿易総額はピークだった一九二九年の水準に達した。第二次グローバル化（一九五〇―一九七三年）のときは、中国は境界人（マージナル・マン）であり、落伍者であった。一九七八年に対外開放が実施され、ようやく一九九〇年から始まった第三次グローバル化でキャッチアップの経験を積み重ね、最大の受益者となった。一九九〇年に世界第十五位の貨物輸出入国だった中国は二〇一〇年には第二位となり、二〇一三年には米国を追い抜き世界第一位となった。第四次グローバル化では、中国は世界舞台の中心に躍り出た。今後、対外開放を拡大し、協働によるイノベーションを強化すれば、中国は世界最先端の科学技術を開発し、諸外国と競争する中でともに発展し、最終的には世界をリードすることになるだろう。

経済改革の法則からいえば、ここ三十数年で世界における中国の地位は天地を揺るがすほどの変化を遂げた。国内総生産（ＧＤＰ）は一九七八年の世界第十五位から二〇〇〇年には第六位となり、二〇一〇年には一気に第二位へと躍り出た。経済成長はすでに量（規模）的変化から質（段階）的変化へと移行し、それにともない主な矛盾も変化し、明らかに過渡期の特徴を示すようになった。これは開発経済学の基本原理、つまり経済改革の段階論を反映している。

世界経済の歴史からいえば、一つの経済組織体にはおよそ二つの成長モデルがある。[27] 一つはキャッチアップ型イノベーション（catch-up innovation）で、成長を促進する科学技術は主に外部から導入される。技術先進国と比べて、こうした国の技術は立ち遅れており、その成長目的はキャッチアップである。もう一つは内生型イノベーション（endogenous innovation）で、技術革新が内部で運営され、技術主導型の成長である。持続可能な発展の経済組織体はみな必然的にキャッチアップ型イノベーションから内生型イノベーションへの転換を遂げている。前者の成長は比較的早く、後者の成長は相対的に遅い[28]。しかし、キャッチアップ型から内生型にイノベーションを転換できた国だけが世界経済のリーダー的地位を長期保っている。例えば、一八二〇—一八七〇年、キャッチアップ型だった米国のＧＤＰ成長率は四・二〇％で、当時世界のリーダーだった英国の成長率（二・

〇五％）を上回っていた。一八七〇―一九一三年には米国のＧＤＰ成長率は三・九四％となり、キャッチアップ型から内生型へと転換した。一九一三―二〇〇八年は三・一一％で[29]、世界経済をリードする地位を長期にわたり保持した。今日までに中国はすでに六十年余りキャッチアップ成長戦略を実施しており、イノベーション主導型発展を形成するにはおそらくあと四十年かかるだろう。われわれは目的意識をもって内生型への転換を目指さなければならない。

制度改革の法則からいえば、ある国が繁栄できるかどうかは、最終的にはやはりその国の制度改革の力による。四百年余りの近現代史において[30]、真の意味で世界の発展に大きな影響を与えた大国は数えるほどしかなく、こうした大国の繁栄はみな制度改革の発展法則にのっとっている。

繁栄した大国はみなかつての「科学技術革新大国」であり、「制度改革大国」であり、その社会制度はみな一定の時期と範囲において歴史の進歩性と局限性を有していた。時代的にみると、資本主義は前資本主義を超え、社会主義は資本主義を超えた。国でいえば、英国はポルトガルやスペインを超え、米国は英国を抜き、中国は米国に追いつきつつある。資本主義のイノベーションメカニズムと調整メカニズムは、世界中で工業化、都市化、近代化をリードし、先発優位があった。しかし、時が経つにつれて徐々に硬直化し、ついにはがちがちに固まって発展の足かせとなり、今では自身で解決できない危機や不況が国内全体ひいては世界全体の危機、崩壊、衰退を招くに至っている。過去二十年の間に相次いで二度にわたるアジア通貨危機、世界金融危機が起きたことがそれを証明している。

中国の特色ある社会主義制度が時代の先進性を持つ理由は、それが人類文明のあらゆる成果を吸収したものであるからだけでなく、中国が改革実践の中で自己探求、自己変革、自己超越を通じて生み出した理論、制度、プロセスのイノベーションだからである。

イノベーションの発展理念を堅持するには、新たな生産力を発展させ、相応する新たな生産関係を確立し、新たな発展体制を構築する必要がある。そのためには、イノベーションにとって有利な市場環境、財産権制度、投融資体制、分配制度、雇用体制を早急に整備し、マクロコントロールモデルを常に改革、改善し、国家ガバナンスのシステムと能力の近代化をさらに進めなければならない。

四、主要分野における展開

二〇一六年は二〇二〇年目標である全面的な小康社会の実現に向けて決戦の火ぶたが切られる年であり、構造性改革という難関に挑む年でもある。そのため、第十三次五カ年計画の意義は従来にも増して大きいものがある。二〇二〇年目標の達成は「中華民族百年の夢」「中国の夢」を実現するための重要な準備にあたり、新たな発展段階に入るための基礎づくりともいえる。イノベーションはその第一の原動力であり、理論、制度、技術、文化の改革を絶え間なく推進し、先発優位を形成し、発展をけん引していかねばならない。

具体的には、第十三次五カ年計画の期間、経済社会の発展の重点をイノベーション駆動に置き、キャッチアップ型イノベーションからイノベーション主導型への転換を加速する。国の戦略的利益と長期発展に関わる重要な分野と節目において二〇三〇年への布石を打ち、二〇五〇年へ向けて機先を制し、国際競争の主導権を握り、国際的な制度上の発言権を強める。経済成長の核として、イノベーションの要点、注力点、突破口をしっかり掌握する。その内容は以下の通りである。

（二）技術革新の力を強化する

「イノベーション力が弱い中国は総じて技術レベルが低く、発展のための梃《てこ》としての力が不足し、経済成長に対する技術の寄与度が先進国の水準をはるかに下回っており、それが中国経済のアキレス腱となっている。新ラウンドの技術革命がもたらすものはさらに熾烈《しれつ》な競争である。技術革新がうまくいかなければ、発展の原動力の転換が実現できず、われわれは国際競争で劣勢に立たされる。技術革新の力は市場競争における企業のコア・コンピタンスであり、国際競争やグローバル競争における国家のコア・コンピタンスである」。この習近平主席の指摘の通り[31]、技術革新の分野で、中国は①基礎　②独創　③統合　④導入、消化、吸収、改良　⑤協働の五大能力を強化し、各資源の効果的な配置と総合的な集積を促進し、社会全体の知恵と力をイノベーションに集結させねばならない。

技術革新の力を向上させるには、拠点、技術、市場、ブランド、文化のイノベーションを合わせた「五位一体」の力をうまく発揮しなければならない。拠点改革は基礎研究、先導的研究、外部性研究を行うための重要なプラットフォームであり、イノベーション分野の重大な国家戦略について学際的な研究ができる国家ラボ（研究所）を早期に設立する必要がある。技術革新は既存産業の基礎的優位に根ざし、それをアップグレードして世界に通用する優位を形成する。中国の市場改革の優位を生かして、大国のスケール効果でコストを抑え、コストの優位で市場改革の拡充を図る。ブランド改革はイノベーションを評価する最も直接的な基準であり、中国がイノベーション型国家となるためには、一流企業のコア技術や自主ブランドが不可欠である。それには、イノベーション企業の成長を奨励し、キャッチアップを怠らず、欧米諸国の有名企業を追い抜き、世界に通用する中国ブランドを確立しなければならない。文化改革は社会全体にイノベーションの精神を説き、イノベーションを奨励し、その力を発揮させる。

（二）起業のイノベーションを活性化させる

「企業が強ければ国も強い」。企業のイノベーションがなければ、国のイノベーションはない。中国がイノベーション型国家になるには、イノベーション型企業が成長し、キャッチアップを重ね、欧米諸国の世界的な企業を超えねばならない。

企業を主体とし、市場を導き手とし、企業、大学、研究機関が協働するイノベーション体制を構築し、真の意味で企業を研究開発投資の主体、イノベーションの活動や応用の主体としなければならない。また、中小企業を活性化させ、ネガティブリストによる管理を実施し、技術型中小企業をサポートすると同時に、大企業を管理し、国有企業の改革をさらに深化させ、行政的独占（行政が企業に独占的権力を与えること）を禁じ、国有企業の競争力とイノベーション力を向上させる。

（三）産業の優位を形成する

産業は国家振興のメカニズムであり、強国の礎である。産業改革はイノベーション主導型発展を実現する鍵である。新たな産業の優位を形成するには、新分野の技術改革と応用を加速する以外、さらに伝統的優位のアップグレード、新システムの構築、新空間の開拓が必要であり、産業全体でミドル・ハイエンドを目指すようにしなければならない。

イノベーションの新規開拓では、二〇五〇年を見据え、宇宙、海洋、ＩＴ、生命科学、核技術などの分野で戦略的に産業を育成する。また、二〇三〇年をしっかりと先導するために、省エネと環境保護、ハイエンド機械設備、次世代インターネットなどの重点領域において、イノベーションを飛躍的に進展させ、成果の実用化を図る。産業のアップグレードでは、情報化と機械化の融合、環境保護と省エネなどの領域において、伝統的産業の質の向上と効率アップに努める。新システムの構築では、「メイド・イン・チャイナ二〇二五」を実施し、製造業のインテリジェント化、エコロジー化、サービス化を実現する。新空間の開拓では、「インターネットプラス」、高速鉄道、高速道路、原子力工学、特別高圧送電、橋梁工学、ダム建設を切り口とし、国内外のネットワーク相互接続を推進し、二十一世紀前半における世界インフラの近代化をリードし、中国のイノベーションの梃の支点を形成する。

(四) 巨大市場の優位を発揮させる

イノベーションは多くの投資と高いリスクをともなう経済活動で、誕生から成長まで非常に脆弱であり、成功の確率が低く、特に商業化と市場化の成功率はゼロに近い。しかし、ひとたび価値を創造すると、その応用範囲は一平方キロから数百万平方キロへ、数百人から数千人、十数億人へと広がっていく。そのため、初期投資の固定費は最終的に平均するとほぼゼロとなり、技術改革の経済コスト、技術応用の取引コストが大幅に低減され、国内市場の規模の巨大さがイノベーションの成長にとって第一の推進力となる。

企業がスケールメリットをより享受できるよう、有形無形の自由で便利な統一された国内インフラ(ネットワーク)を整備する必要がある。初期には無料体験や低額利用などの手法を使い、世界的な新興企業に成長させ、多国籍企業にはない市場の優位を中国企業のイノベーション優位へと転換させる。

（五）制度メカニズムを整備する

イノベーションの歩む道を整備することは最も本質的なイノベーションであり、その他のあらゆるイノベーション活動とプロセスの実現を決定する要因である。イノベーション型発展の推進には以下の制度メカニズムが不可欠である。①政府と市場の「二本の手」のメカニズム　②中央と地方の「二つの積極性」のメカニズム　③国有企業と民営企業の「二本の足」のメカニズム　④「誘致」と「進出」の双方向メカニズム。

具体的な内容は以下の通りである。中国の経済政策の意思決定制度とメカニズムを整備する（中央経済活動会議制度、国務院政府活動報告制度、国民経済と社会発展のための五カ年計画制度および各特定項目計画制度など）。科学技術体制改革を深化させ、産業技術革新連盟の設立を先導する。社会全体からなる多元的なイノベーション投資メカニズムを構築し、知的財産権の司法保護システムを整備する。国内外において、イノベーションを奨励する公平な競争環境を整備し、独創的イノベーション、既存技術の統合によるイノベーション、導入・消化・吸収による改良イノベーション、協働イノベーションに有利な政策環境と社会の雰囲気を創出する。

（六）イノベーション型人材戦略を実施する

「けだし非常の功あらんとすれば、必ず非常の人を待つ」（思うに、並大抵ではない事業をしようとするのなら、並大抵ではない人材の登場を待たなければならない）[32]。イノベーションの源泉は人材であり、重大なイノベーションの源泉はエリート人材である。イノベーション型発展を実現するには、「人材は発展を支える第一の資源である」[33]ことから、人材の発掘、育成、活用を戦略の最優先課題とし、以下の「四位一体」の人材戦略を早急に実施しなければならない。

一、教育優先発展戦略を実施し、教育大国から教育強国へ、人的資源大国から人的資源強国へという目標を実現する。二、人材強国戦略を実施し、世界的な人材強国の仲間入りをし、二〇二〇年の教育発展戦略目標と主要指標の実現を保証する。[34] イノベーション型人材を重点的に育成し、イノベーション駆動型発展戦略の「人材高地」（人材が高度に集まるエリア）を建設し、大規模な各種の人材ボーナスを創出する。三、人材の組織化を大々的に推進し、社会全体の人材活用メカニズムを整備し、党政府人材、企業経営管理人材、専門技術人材、ハイスキル人材、農村実用人材（農村戸籍で知識と技術があり、リーダーとなれる人材）、社会活動人材の組織を統一して編成する。四、海外の先進的な管理経験や応用技術の導入を強化し、海外交流を拡大する。二〇二〇年までに人的資源の総量を二億人以上にし、人的資源の全体に占める割合を二〇～二五％に引き上げる。世界トップレベルの専門家を招聘し、その分野のリーダーとなる人材を育成し、重大なイノベーション活動を指導する国際学術・シンクタンク研究センターを誘致、建設し、経済と社会の発展ニーズに応える。

（七）マクロコントロールに対する考え方をイノベーションする

「需要と供給の逆転」はすでに中国経済の持続可能な成長の最大の障害となっており、「過剰な無効供給」と「需要の疲弊」が目下最大の課題である。深まる苦境から脱出するには、適度に総需要を拡大すると同時に、サプライサイド構造改革を強化し、供給システムの質と効率を引き上げることが必要である。[35] そして、マクロコントロールに対する考え方を刷新し、新たな経済成長のチャンスを創出する。これは戦略的な経済構造調整のアップグレード版であり、需要側の経済けん引力を刺激する以上に供給側の経済推進力の創出が重要になってくる。

そのためには、一、新型の工業化、情報化、新型の都市化、農業およびインフラの近代化を同歩調で発展させる。二、需要構造の転換に対する供給側の作用を強化し、消費構造のアップグレードに積極的に適応し、それを先導する。経済成長に対する消費のけん引力を強め、第十三次五カ年計画の期間に消費支出の対経済成長寄与度を五五％に引き上げる。投資構造を最適化し、投資対効果を重視し、投資主体による投資を開放する。国際貿易の自由化、投資の自由化、サービスの簡素化を加速する。三、近代的なサービス業を大いに発展させ、業界全体の体質を改善し、競争力を引き上げる。四、企業のＭ＆Ａと再編を通じて、核心的な競争力のある企業グループを育成し、市場メカニズムと経済的手法を通じて生産力の過剰を効果的に解消する。

五、まとめ

第十八期五中全会でイノベーション、調和、グリーン、開放、わかち合いの発展理念が打ち出され、イノベーションは五つの発展理念の首位に置かれた。また、イノベーションは発展をけん引する第一の原動力であり、国家発展の全局の核心となる位置に置くよう強く指示された。これは時代とともに前進し、全局を統括し、経済成長の新常態をリードする党中央の幅広い視野を表している。新たな発展理念を論理的にいえば、イノベーションは第一の原動力であり、調和はスキル、グリーンは核心理念、開放は必然の道、わかち合いは最終目標、安全は基本保障である。イノベーションは経済社会の発展の基礎として、調和、グリーン、開放、わかち合い、安全の実現に対して重要な基礎的役割とけん引力を持っている。

イノベーションを経済発展の新常態をリードする核心ならびに鍵としたことは、党の発展観の最新の成果であり、中国の特色ある社会主義の発展観をさらに充実させた。また、党中央の国政運営の最良の総括であり、人民のための強国という党中央の考えをさらに拡充し昇華させた。このことは将来わが国の経済社会の各分野、節目で生じる改革に遠大な影響を与え、広範で深遠な変革を生じさせるだろう。

建国から六十年余り、中国は近代科学技術の「空白国」から真の意味での科学技術大国へと発展を遂げ、米国との技術力の差も急速に縮まっている。中国のイノベーションのプロセスは「科学技術の振興は民族の振興であり、科学技術の強さは国の強さである」という道理を検証し、今後、科学技術後進国が先進国レベルに追いつくための優れた手本となるだろう。

中国のように出発点が低くインフラの立ち遅れていた国が世界から注目されるほどの成果を収めたケースは、開発途上国の中では極めてまれである。しかし、これは決して偶然などではなく、おおむね以下のような理由がある。

一、発展の道について、党中央が模索を重ね、社会主義制度の優位、後発国の後発優位、市場経済競争の優位を活用し、各発展段階に適応した、国情に合ったイノベーションの道を選択した。

二、発展モデルについて、党中央と国務院が先見性のある大局的な計画をもとに、要点を把握し、科学的に配置した。そして、全体を調整し、協力し合って社会全体に働きかけた。さらに全世界からリソースを集めて自主革新の力を迅速に増強し、中国独自のイノベーション発展モデルを構築し、優位を形成した。
三、発展方針について、時代とともに党中央が絶え間なく修正し、内容を充実させ、「科学技術は生産力」から「イノベーション駆動型発展戦略」へ、「科学技術は第一の生産力」から「イノベーションは発展をけん引する第一の原動力」へと徐々に深めていった。これらの方針はそれぞれ経済法則に対する中国の主体的な認識を反映しており、歴史的変遷の客観的な要求に従って、常にイノベーションを新たな段階へ、新たな高みへとリードするための重要な礎となった。
四、イノベーション型発展の法則を順守し、実践の中で模索を重ね、技術後発国のキャッチアップにとって重要なメカニズムを繰り返し検証した。それは技術導入力の育成（T1）、技術改良力（導入、模倣、集積を含む）の発揮（T2）、技術の自主革新力の強化（T3）、大国のスケールメリットを生かしたイノベーション優位の発揮（T4）、世界市場における技術革新空間の構築（T5）であり、それらを通じて、中国は全体的に技術力を向上させ、技術の飛躍的発展を実現させた。

（1）『蔵書《ぞうしょ》・世紀列伝総目前論』
（2）『二程《にてい》集・河南程氏遺書』巻二十五
（3）『詩経』大雅《たいが》・文王より。原文は「文王は上にあり、ああ天に昭《あき》らかなり、周は旧《ふる》き邦《くに》なれども、その命《めい》はこれ新たなり」
（4）戦国時代『韓非子』五蠹《ごと》
（5）『周易《えき》』繫辞《けいじ》下より。原文は「神農氏没して、黄帝、堯《ぎょう》、舜《しゅん》氏おこる。その変を通じ、民をして倦《う》まざらしめ、神にしてこれを化し、民をしてこれを宜《よろ》しくせしむ。易《えき》は窮《きわ》まれば変《へん》じ、変ずれば通じ、通ずれば久し。ここをもって天よりこれを祐《たす》け、吉にして利《よ》ろしからざるなし」

（6）ヨーゼフ・アロイス・シュンペーター『経済発展理論』（中国語版）北京、商務出版社、一九九一年、七四頁
（7）胡錦涛「『江沢民選集』学習報告会での演説」二〇〇六年八月十五日
（8）『馬克思恩格斯全集（マルクス・エンゲルス全集）』第四十六巻下、二一一頁、二一七頁
（9）毛沢東「把我国建設成為社会主義的現代化強国（わが国を社会主義の『現代化』された強国とするために）」『毛沢東文集』第八巻、三四一頁、北京、人民出版社、一九九九年
（10）鄧小平「全国科学大会開幕式での演説」『鄧小平選集』第二巻、八六頁、北京、人民出版社、一九九四年
（11）鄧小平「科学技術是第一生産力（科学技術は第一の生産力である）」『鄧小平選集』第三巻、二七四頁、北京、人民出版社、一九九三年
（12）江沢民「努力実施科教興国戦略（科学教育立国戦略の実施に努力せよ）」『江沢民選集』第一巻、四三二頁、北京、人民出版社、二〇〇六年
（13）胡錦涛「走中国特色自主創新道路為建設創新型国家而奮闘（中国独自の自主革新の道を歩み、革新型国家建設のために奮闘せよ）」二〇〇六年一月一日
（14）習近平「中国科学院第十七回アカデミー会員大会、中国工程院第十二回アカデミー会員大会での演説」『習近平談治国理政（習近平、国政運営を語る）』一一九頁、北京、外文出版社、二〇一四年
（15）党中央文献研究室編『建国以来重要文献選編（建国後の重要文献選集）』第九冊、中央文献出版社、二〇一一年、三七四頁
（16）毛沢東「社会主義革命的目的是解放生産力（社会主義革命の目的は生産力の解放である）」『毛沢東文集』第七巻、人民出版社、一九九九年、二頁
（17）党中央文献研究室編『建国以来重要文献選編（建国後の重要文献選集）』第九冊、中央文献出版社、二〇一一年、三七八頁
（18）党中央文献研究室編『建国以来毛沢東文稿（建国後の毛沢東の草稿）』第十一冊、中央文献出版社、一九九六年、二八七頁注釈
（19）毛沢東「把我国建設成為社会主義的現代化強国（わが国を『現代化』された社会主義強国へと建設せよ）」『毛

沢東文集』第八巻、人民出版社、一九九九年、三四一頁

（20）「第十一期三中全会コミュニケ」一九七八年十二月二十二日、第十一期三中全会にて採択。

（21）「国民経済と社会発展のための第九次五カ年計画制定と二〇一〇年長期目標実施に関する党中央の建議」一九九五年九月二十八日、第十四期五中全会にて採択。

（22）巨大市場のスケール効果を得られる技術革新はみな技術革新の経済コストだけでなく、特に莫大な投資を必要とする重大プロジェクト、国防の分野で、それを拡散、応用するための取引コストを極端に低減している。同時に海外への輸出や投資、技術移転や研究開発を通じて、海外市場を開拓し、世界市場のスケールメリットを得ている。

（23）中国はすでに世界最大の発明特許出願国ならびに授権国である。二〇一三年の中国の出願数は米国の一・四五倍にあたる百七十万四千九百件となり、授権数は米国の一・〇七倍にあたる十四万三千五百件となっている。

（24）「国民経済と社会発展のための第十三次五カ年計画制定に関する党中央の建議」二〇一五年十月二十九日、第十八期五中全会にて採択。

（25）中国は二〇〇六年に「国家中長期科学技術発展計画要綱」を制定し、中国の自主イノベーションには独創的イノベーション、既存技術の統合によるイノベーション、技術の導入、消化、吸収による改良イノベーションの三つの意味があることを明らかにした。

（26）協働によるイノベーションとは複数の企業で、または企業と大学、科学研究機関およびその他でイノベーションを協力して行い、その成果をシェアすることを指し、金融機関、産業機関同士のもの、地域を超えたもの、国際的なものも含まれる。

（27）Jeffrey D. Sachs. 2015. The Age of Sustainable Development.Columbia University Press（January 20, 2015）

（28）一八二〇年から一八七〇年の間、英国は内生型イノベーションでGDP年平均成長率は二・〇五%、米国はキャッチアップ型イノベーションで年平均成長率は四・二〇%。一九五〇年から一九七三年は、米国が内生型で平均成長率は三・九三%、日本がキャッチアップ型で九・二九%。一九七八年から二〇〇八年は、米国が内生型で二・八四%、中国はキャッチアップ型で九・九二%であった。データの出典：Angus Maddison：Historical Statistics of the World Economy：1-2008 AD. http://www.ggdc.net/Maddison/oriindex.htm

（29）データの出典：Angus Maddison：Historical Statistics of the World Economy：1-2008 AD, http://www.ggdc.net/maddison/oriindex.htm

（30）歴史学者は通常、生産力を基準に十六世紀を世界近代史の始まりとするが、その世界近代史もまた主に資本主義の歴史である。

（31）習近平「第十八期五中全会第二回全体会議における演説（抜粋）」『求是』二〇一六年第一期掲載

（32）班固《はんこ》『漢書』（武帝紀第六）

（33）習近平「第十八期五中全会第二回全体会議における演説（抜粋）」『求是』二〇一六年第一期掲載

（34）二〇二〇年までの中国の人材発展の総体目標は、壮大な規模、最適化された構造、合理的な配置、優秀な人材を備えた組織を編成し、国として人材競争における比較優位を確立し、世界の人材強国の仲間入りをし、今世紀半ばに社会主義近代化を基本的に実現するため、人材面の基盤を固めることである。「国家中長期人材発展計画要綱（二〇一〇—二〇二〇年）」新華社二〇一〇年六月六日北京発

（35）「中央財政経済指導グループ第十一回会議における習近平主席の演説——サプライサイド改革を強化し、両手で需要と供給をつかむことを中央が強調」新華社二〇一五年十一月十日北京発

第二章　調和の発展理念

十億を超える人口を有する国は中国とインドのみであり、中国の人口規模は世界的にも突出している。また、地理を見てみても九六〇万平方キロメートルという世界第三位の規模を有する。そして言うまでもなく世界的な経済大国であり、GDPが十兆ドルを超えるのは欧州連合[1]（EU）、米国[2]、中国[3]のみである。これら人口、地理、経済における規模からすると、中国は世界有数の大国であるのみならず、まれに見る「巨大国家」といえる。

膨大な人口、広大な国土、そして巨大な経済規模ゆえに、中国経済社会は発展のうえで多くの矛盾や課題に直面している。これらの矛盾や課題の解決に必要なのは白か黒かといった二者択一の対処法ではなく、バランスに配慮した統括と偏りのない発展である。長期にわたる革命と社会主義建設の過程にある中国は、第十八期五中全会でイノベーション、調和、グリーン、開放、わかち合いという発展理念を打ち出した。このうち調和とは国をまとめるための行政上のスキルである。バランスは経済社会の基本的方法であり、イノベーション、グリーン、開放、わかち合いを実現するうえで舵《かじ》を取りつつ前に推し進める重要な役割を果たすものである。

調和のとれた発展のためには、中国独自の社会主義事業の全体的統括と、発展における重大な矛盾の正しい処理が必須であるが、これらは社会主義制度が有する最大の強みでもある。発展における重大な矛盾を正しく認識しとりまとめてゆくためには、改革発展と安定の調和、都市と農村の調和、各地域の調和、中央と地方の調和、経済と社会の調和、経済と文化の調和、経済と国防の調和、国内と国外の調和、個人・組織・国の調和に努めていかなければならない。また、全体的な発展による富の実現とわかち合いのため、発展の関連性、相互作用性、正の外部性および全体性を絶えず高める必要がある。

小康社会の実現には調和のとれた発展が不可欠であり、進んでいる部分はより強固に、遅れている部分には適切な措置を講じる。小康社会の実現の核心はまさに「全体的な前進」にある。それゆえ、遅れている部分にはサポートを、特に遅れている部分には更なるサポートを施すことが肝要となる。

一、思想のよりどころ

調和の発展理念は次の三つの思想をよりどころとする。

まずは、中国古代の「中庸」思想である。調和の発展理念の伝統的な基盤となるのがこの思想だ。『中庸』は「喜怒哀楽のいまだ発せざるをこれ中《ちゅう》と謂《い》い、発すれどもみな中節なるをこれ和と謂う。中なるものは天下の大本《おおもと》なり、和なるものは天下の達道《たつどう》なり」と述べる。「中庸」は古人にとって自己を律し、自己を高めるための修養の道であっただけではなく、中国古代社会の治国の道であり目標でもあった。一方に偏ることなく、やり過ぎも不足もないのが「中庸」であり、物事が発展できるよう十分な余裕をあたえながら、極めすぎることがない。あらゆるものが調和を保ちながらそれぞれのあるべき姿を実現できるようにするものであり、まさに「中和を致し、天地位《くらい》し、万物育む」というものである(4)。中国文化が尊重するのは「和して同ぜず」という立場であり、けっして格差を否定するわけではないが、「天の道は、それ弓を張るごときか」というように格差に対しては適度な調整を行いバランスをとる。調和と統一を重んじるわが国の文化は、調和した社会とバランスのとれた発展を実現するための伝統的な基盤を築いてきたのである。

　次に、マルクス主義唯物弁証法もまた調和の発展理念を支える思想の一つである。各方面への配慮を忘れない統括、バランスのとれた発展をその内容とするマルクス主義唯物弁証法は、対立の統一をその哲学的基盤にしている。人類社会の発展は常に矛盾をともなうが、「すばらしい発展は常に相互作用の中で進んでいく」のであり(5)、プラス的要素もマイナス的要素も相互作用の中で互いに転化され調和され得ると考える。つまり理論的には、対立をまとめあげ全体のバランスをとってこそ秩序ある発展が実現できる(6)。マルクス主義の理論は調和の発展理念に科学的基盤を与えるものである。それは、習近平主席が「統括における各方面への配慮は中国共産党の科学的方法論の一つであり、その哲学的な内容はマルクス主義弁証法である」と述べる通りである(7)。第一に、対立の統一を調和の発展理念の哲学基盤とするマルクス主義は次のように考える。人類社会の発展には常に矛盾が存在するが、すばらしい発展は常に相互作用の中で進むものであるから、秩序ある発展の実現のためには矛盾を正確にとらえ、合理的に各方面の関係および利益のバランスをとっていかなければならない。現在中国はあらゆる面で改革を深化させる段階にあり、さまざまな所で矛盾が発生し、また複雑化しているが、調和型の発展によってそれらの矛盾を明らかにして解決し、社会を前進させる必要がある。第二に、マルクス主義は生産関係と生産力、また上部構造（政治、法律）と下部構造（経済）の間に生じる矛盾はバランスのとれた発展を実現するために必ず解決しなければならない基本的な問題だとする。現在、経済発展モデルの転換と産業構造の調整という大事な時期にあるわが国は、生産関係および上部構造を調整し生産力をさらに高めなければならない。最後に、マルクス主義の協調発展論は経済、政治、文化、社会の間のバランスを重視するだけでなく、地域間のバランスも重視する。よって、調和型発展のためには全体的な発展だけではなく、都市と農村間、また東部・中部・西部間の格差問題にも注意する必要がある。

調和の発展理念の思想のよりどころとして、最後に毛沢東同志らの調和的統括という政治思想を見ていこう。このおおもととなっているのは一九五六年、中国社会主義革命および建設理論に関し発表された『十大関係論』で、これは毛沢東同志の代表作ともいえる。ここでいう「十大関係」とは、①重工業と軽工業、農業　②沿海部の工業と内陸部の工業　③経済建設と国防建設　④国と生産組織と生産者個人　⑤中央と地方　⑥漢民族と少数民族　⑦党と党外　⑧革命と反革命　⑨是と非　⑩中国と外国の対立的関係のことである。(8) 毛沢東同志はこれらの対立関係を解決することは、マイナス要因をプラス要因へと転換し、直接的・間接的な力を総動員して中国を強大な社会主義国とするためであるとする。(9) その後の毛沢東同志の「二本足で歩む」、各産業の「同時発展」「総合バランス」等の発言にも同様の提起が見られる。

また、江沢民同志は一九九五年「社会主義の『現代化』におけるいくつかの重大関係に対する正しい措置」の中で、以下の十二の関係性について語った。①改革と発展と安定　②スピードと効率

③経済建設と人口、資源、環境　④第一次、第二次、第三次産業　⑤東部と中西部　⑥市場メカニズムとマクロ経済コントロール　⑦公有制経済とその他の経済　⑧収入の分配における国と企業と個人　⑨対外開放と自力更生　⑩中央と地方　⑪国防と経済建設　⑫物質的豊かさと精神的豊かさ。[10]

また、胡錦涛同志の唱えた科学的発展観も調和の発展理念の思想のよりどころといえる。二〇〇三年七月二十八日、胡錦涛同志は「経済社会と人間の全面的発達のため、人を中心に据えた、全面的かつ協調的で持続可能な発展観を築く」ことを提唱し、以下の五大関係を調和させて統括することを明示した。①都市と農村の発展　②各地域の発展　③経済と社会の発展　④人と自然の調和型発展　⑤国内の発展と対外開放。

二、これまでの実践

六十年余りの実践を振り返ってみると、世界最多の人口を抱える広大な中国は発展が最も不均衡な国であるといえる。さまざまな関係をいかにうまく調整していくかは終始中国の抱える問題であり、世界にとっての問題でもあった。毛沢東同志がかつて指摘したように、矛盾をはらむ関係を処理する基本的な方法は「各方面を調整して適切に配置する」[11]ことである。それは国家運営における実践改革であり、政治スキルでもある。

国家運営の道を歩むには、まず基本的な国情を研究し、存在する重大な矛盾と重大な関係に注目する必要がある。「十大関係」を研究した毛沢東同志は、「十大関係」こそ中国社会の「十大矛盾」

であると指摘した。矛盾のない世界はない。中国のように人口が膨大で、発展が不均衡な大国では常に社会に重大な矛盾があって当然であり、こうした矛盾を正しく処理し、うまく調整していくことが肝要である。とはいえ、すべての矛盾が社会に大きな影響を与えるわけではなく、そのうち特に影響の大きい重要なものを把握する必要がある。重大な矛盾を把握するということは、国情と発展における課題を認識する正しい鍵の在りかを見つけることである。一九五六年、毛沢東同志は当時中国の抱えていた矛盾を「十大関係」にまとめ、重工業、軽工業、農業の三者間の矛盾を産業化初期の第一の関係とした。一九九五年、江沢民同志は「十二大関係」を提示し、改革、発展、安定の三者間の矛盾を経済転換期にある中国の第一の関係とした。二〇〇三年、胡錦涛同志は「五大関係」を提示し、都市と農村の矛盾を二十一世紀初頭における中国の第一の関係とした。調和の発展理念は「五大矛盾」に「五大統括」を行うことを要求した。「五大矛盾」とは発展の過程に存在する現実の矛盾であり、都市と農村の格差の拡大、地区間の発展の不均衡、経済と社会の発展の不均衡、人と自然の緊迫した関係、国内発展と対外開放の衝突の五つである。この「五大矛盾」に対して、主な課題は次の「五大統括」である。①都市と農村の発展を調整して統括する。都市と農村の二元構造を改善し、発展格差を徐々に縮小し、農村の経済と社会を全面的に発展させ、都市と農村を結びつけ優位性を相互に補完するような調和型発展の道を歩む　②地区間の発展を調整して統括する。西部大開発を通じて、東北地区の旧工業地帯の振興をはかり、中部地区の勃興を促進し、東部地区の急速な発展を奨励し、東部、中部、西部が相互に働きかけ、ともに発展する地区構造を形成する　③経済と社会の発展を調整して統括する。物質文明と精神文明の建設を強化し、ますます高まる人民の発展ニーズに応える　④人と自然の調和した発展を統括し、自然界の法則を尊重し、エネルギーの節約と排出物の削減を推進し、生態系の保護を強化し、グリーン型発展を実現する⑤国内の発展と対外開放を調整して統括する。経済成長の促進と国家の安全の維持を並行して行い、経済建設で国防建設の基礎をつくり、国防建設で経済建設を擁護し、国内外において調和型発展を実現する。

次に、各時期の重大な社会矛盾に着目すると、各指導者にはそれぞれ共通点と相違点があることがわかる。一、既存の問題が解決できずに深刻化したか、もしくは新しい状況が出現した。例：工業と農業の矛盾、沿海部と内陸部の矛盾、中央と地方の矛盾など。二、既存の矛盾の重要性が消失したか、もしくは時代遅れとなった。例：共産党と非共産党の関係、革命と反革命の関係、是非の関係など。三、副次的だった矛盾が時代とともに深刻化し、重要性を高めた。例：都市と農村の関係など。四、既存の矛盾の背景に変化が生じ、新たな検討が必要になった。例：外国との関係、経済建設と国防建設の関係など。五、新たな矛盾が数多く出現し、長期的な発展と社会の安定に影響する重大な問題となった。例：環境と開発の関係など。こうしてみると、中国の各時期における重大関係の分析にはそれぞれ異なる状況が存在していたことがわかる(12)。

さらに、重大関係に対する各時期の指導者の政策を見てみると、目的と対策の面で同一の基本原則があることがわかる。目的の基本原則は、あらゆる積極的な要因に働きかけ、社会の重大な矛盾を解消する、である。消極的要因を積極的要因へ、非団結の要因を団結の要因へ、不調和の要因を調和の要因へと変え、矛盾を解消する。対策の基本原則は、各方面を調整し、バランスのとれた発展をする、である(13)。

第十八回党大会以降、党中央は重大な矛盾と関係に対処していく中で、調和の発展理念に対する認識と理論をさらに深め、調和の発展理念は経済社会の発展の全局を指導する重要な方策となった。第十八期五中全会では、発展の不均衡、不調和、持続不可能というボトルネックに対して、習近平主席が「第十三次五カ年計画の目標を実現し、難問を解決し、優位性を深く根づかせるには、イノベーション、調和、グリーン、開放、わかち合いの発展理念を堅牢に築かねばならない」と説き、「調和は持続的かつ健全な発展の内在的な要求」であり、発展の調和性を高めることは、今後の中国の発展のために新たな空間と動力をもたらす[14]と語った。

概括すると、調和型発展とは国家運営の道であり、スキルであり、実践であり、改革である。また、それは先人の後を継ぐ実践のイノベーションであり、時代とともに進化する実践のイノベーションでもある。

三、調和の発展理念が求めるもの

調和の発展理念は「人間の全面的発達」というニーズに基づき、発展の過程における重大関係の消極的要因を積極的要因に変え、その不均衡を解消することによって、全面的に持続可能な発展を実現するという概念である。

その立脚点は「人間の全面的発達」である。「人間の全面的発達」は国のマクロ的な発展において、経済、社会、文化、政治、生態文明の各分野にわたる全面的な発展を要求する。各分野の発展の間には極めて大きな相互補完性と関連性があり、いずれも欠くことはできない。そのため、発展の過程において、発展の重点と重大関係の調和、整合に必ず留意し、各分野の発展が相互に働きかける中で「人間の全面的発達」を実現していかねばならない。

調和型発展の出発点は、重大関係の不均衡の解消である。大国である中国にとって、国家運営と社会発展の過程で重大関係の不調和が生じないことはあり得ない。調和型発展は、発展の不均衡と持続不能に対処するために生まれた受動的な方策であるが、情勢に対応するために生まれた主観的能動性の発露でもあり、主体的な選択でもある。調和の発展理念は、中国の特色ある社会主義事業全体の枠組みにおいて、都市と農村、地区間、経済、文化の重大関係を適切に調整し、この四分野の調和型発展を推進し、発展の全体性、重点性、均衡性を高めることを求めている。

調和型発展の着眼点は長期計画であり、着眼点を発展の内部構造の調整とバランスに置き、長期的な視点から、より高度で良好な発展を実現する。しかし、短期的に見ると、発展の減速につながる可能性がある。調和型発展を実現するには、より長い期間、より広い空間を軸として立案することを堅持し、現在と未来の利益の最適化を考え、各産業、部門、地区の発展の青写真を総合的に描かなければならない。それと同時に、発展と調和の関係を正確に認識して調整する必要がある。調和型発展は発展の一部であり、発展は第一義である。そのため、調和型発展は決して一部の産業、部門、地域の短期的な譲歩や妥協であってはならず、ともに全面的に持続可能な発展をしていかねばならない。そして、そこから長期発展の原動力をくみ取り、不均衡の発生を回避していくのである。

調和型発展の注力点は、消極的要因を積極的要因に変えることである。国家運営の実践から生まれた調和の発展理念は中国古来の最良の実践であり、発展過程で生じた問題を発展の中で解決すること、つまり発展のダイナミズムの中で調整を通じて消極的要因を発展的要因に変えていくことを要求する。具体的には、社会主義事業における重大関係を正確に認識し、適切に処理し、個人と集団、部分と全体、当面と長期の利益を調整する。また、各方面の積極性を引き出し、各地域、部門、分野がそれぞれ発展を調整し、構造を合理化し、相互に働きかけ、良好に運営していくように図る。さらに、生産力と生産関係、上部構造と下部構造のバランスをとり、経済、政治、文化、社会における建設の各ポイント、各領域の協調を図る。

　調和型発展においては全体性が重視される。「全局を謀らざるもの一城を謀るに足らず」。調和型発展では、その認識、推進、調整の過程で一貫して全体性が求められる。何を発展させる場合でも、必ずそこに含まれる本質的な内容、意義、重点、要求を全面的に把握しなければならない。そして、「五位一体」の全体的配置が一つの有機体であり、五大建設が互いに支え保障し合っていることをはっきりと認識する必要がある。いずれかに偏れば、どこかに「短い板」（複数の木の板からなる桶はその中の一枚でも短ければ全体に入る水の量が少なくなることから、弱点の意）が生じるか、あるいはすでにあった不足がさらに拡大するかしてバランスが崩れ、発展を阻害してしまう。そのため、発展においては、全体を調整し、総合的にバランスをとり、秩序立てて推進しなければならない。

　また、調和型発展においては重点を見極めることが肝要である。「一綱《いっこう》挙げれば万の目を張る（＝綱挙目張《こうきょもくちょう》）」のように、物事は要点をきちんと押さえれば自然に解決されるものである。調和の発展理念を堅持するには、中国の特色ある社会主義事業の全体計画をしっかりと把握し、発展における重大関係を正確に処理しなければならない。重点の要点をきちんとおさえ、次のことを実現する。①都市と農村、ならびに地区間の調和型発展を促進し、都市と農村の二元構造という難問を解

決する　②経済と社会の調和型発展を促進し、「片方の足が長く、もう片方の足が短い」という不均衡を解消する　③新型の工業化、情報化、都市化、農業の近代化の同歩調の発展を促進し、国家のハードパワーとソフトパワーをともに増強し、発展の全体性を絶えず高める。これらの重大関係の位置づけを正しく行えば、そこに発展の運動エネルギーが集まって発展全体のポテンシャルエネルギーとなり、問題の解決に有利な流れを全体的に形成し、相互に働きかけ、協働で推進する良好な局面をつくり出すことができる。

さらに、調和型発展においては均衡性が重視される。発展の調和性を高める鍵は「二面論」と「重点論」の統一である。地区間、都市と農村、物質文明と精神文明、経済建設と国防建設のいずれの発展にせよ、バランスをとるためには、既存の優位を固めて深く根づかせると同時に、難問を解決し、「短い板」を補強する必要がある。立ち遅れた地域、貧困人口、社会的弱者への支援を拡大し、発展の過程で新たな空間を開拓し、脆弱な分野を強化しながら、発展のスタミナを補充していかねばならない。各地の状況はさまざまで、優位や課題はそれぞれ異なるが、弁証法的思考をうまく使って指導を行い、重点を際立たせ、各方面の利益を調整し、その土地の事情に合わせながら、調和の発展理念を実行に移していく。このように「二面論」と「重点論」を統一してこそ、真の意味での発展の成果を得ることができる。

調和型発展の核心課題は、経済の発展と社会の発展の調和である。経済と社会の間にある矛盾は、発展にとって最も重要である。この矛盾の激化は発展を極度に不安定な状態に陥れ、はなはだしい場合には後戻りすらありうる。経済と社会のいずれか一方の失調はもう片方の発展を大きく制約する。改革開放後の三十年足らずの間に、中国は急速に経済が成長する一方、多くの社会問題が生じ、

「片方の足が長く、もう片方の足が短い」現象が次々に現れるようになった。経済成長の恩恵による福祉サービスは深刻化する社会矛盾を補てんする術《すべ》をもたず、社会の潜在的コストが上昇し続け、今や社会問題は経済発展を阻害する大きな足かせとなっている。それゆえ、経済発展と社会発展の調和が発展の核心課題なのである。社会的生産力を大いに向上させ、社会の調和のために物質的基盤を固めると同時に、社会事業の発展に努め、安全、教育、就業、衛生、医療などの公共サービスを充実させ、交通、通信など公共インフラを整備していく必要がある。そうして、社会矛盾を解消し、人々の生活の質を引き上げ、経済発展のために良好な社会環境を創出していかねばならない。

四、主要分野における展開

中国の発展は新たな歴史の出発点に立っているが、その重大な矛盾と関係はこれまでと大きく変わっている。調和の発展理念は問題志向型であり、発展の大局に決定的な影響を与える。習近平主席は第十八期五中全会で次のように指摘した。調和型発展の重点は発展の不均衡の解消である。発展の不均衡は長期間わが国に存在する課題であり、特に地区間、都市と農村、経済と社会、物質文明と精神文明、経済建設と国防建設の関係において顕著である。われわれは中国の特色ある社会主義事業の全体計画をしっかりと把握し、発展における重大関係を正確に処理し、発展の全体性を絶えず高めていかねばならない(15)。

新たな時期の調和型発展のために対策の必要な分野は主に次の四分野である。

（二）地区間の調和型発展

地区間の調和型発展については党中央が作成した経済地理の第四・〇版に示されている。筆者たちの考えでは、中国の地区発展戦略はこれまでに四版、つまり四段階を経ている。毛沢東時代が第一・〇版であり、鄧小平時代が第二・〇版、そして二〇〇〇年以降の第三・〇版。特に二〇〇二年の中国共産党第十六回全国代表大会（以下、第十六回党大会）の報告は画期的であり、十数億の人々に恩恵の及ぶ小康社会の建設が提唱され、事実上ここから共同発展と調和型発展への転換が始まった。

建国後、中国は計画経済体制の建設を通じて工業化と「現代化」を提唱し、経済地理学的観点から第一回の国内大規模編成を行った。これは中国が初めて政治的に統一し、東北部、沿海沿岸部、内陸部の三大地方の高度な統一、統合、一体化が実現したことを意味する。第二回の編成は鄧小平同志の改革開放である。特に沿海発展戦略には経済地理学のいくつかの基本的思考が応用されており、市場経済と開放経済の手法が取り入れられた。重要なのは、十四の沿海都市を開放し、積極的に海外の資本や技術を導入したことであり、これにより中国の経済地理は塗り替えられることになった。一九九〇年代の終わりになると、東部の発展先導、西部の大開発、中部の勃興、東北の振興という現在の地区発展戦略が形づくられ、同時に京津《けいしん》冀《き》（北京、天津、河北省）首都経済圏と長江経済ベルトの地域間協力体制が構築され、主体機能区（環境容量により開発基準が分類された地域区分のこと。最適化開発区、重点開発区、開発制限区、開発禁止区の四つがある）の地域空間開発戦略がさらに進んだ。

二〇一二年の第十八回党大会以後、党中央は三大戦略を策定した。具体的には、「一帯一路」（中国から中央アジアを経由して欧州につながるシルクロード経済帯（一帯）、東南アジア、インド、アフリカ、中東を経て欧州に至る海上シルクロード〔一路〕のこと）、長江経済ベルト、首都経済圏を同歩調で発展させることである。実際にはもう一つ海洋強国戦略があるが、ここでは言及しない。今後の中国の戦略は上述の四地区の地域発展戦略と合わせて、「四プラス三」または「四プラス四」となり、こうして中国経済地理の第四・〇版が作成された。第十三次五カ年計画期間、地区の発展は生産要素の秩序ある自由な流動、主体機能の効果的な制約、均等な基本公共サービス、発展負荷に耐えうる環境容量といった新たな局面を迎えることになる。

二〇一五年の第十八期五中全会では、地区間のバランスのとれた発展を推進し、新たな局面（生産要素の秩序ある自由な流動、主体機能の効果的な制約、均等な基本公共サービス、発展負荷に耐えうる環境容量）を切り開くことが定められた。具体的には、既存の地域戦略に対する以下のアップグレードである。①主に地区間の経済資源配置を通じてバランスをとる従来のやり方を改め、地区間の経済資源、社会資源、環境資源の全面的な配置を通じてバランスをとる　②分類に従って指導し、財政移転支出を拡大し、各地区の公共サービスを均等化する　③辺境地域、貧困地域を重点的に支援する。ここで留意すべきことは、経済発展と同時に生態環境を重点的に保護することである　④主体機能区の計画配置に基づき、現地の資源環境に見合った大都市群を中西部地区に建設し、将来の経済成長と人口集積のための主なけん引力とし、発展に新たな活力を注入する　⑤「一帯一路」戦略を契機として、主に経済貿易など多次元から国内外の開放を推進し、あらゆる面から「一帯一路」沿線諸国との協力を強化し、内陸部の開放を拡大し、新たな経済成長ポイントを形成し、地区の迅速な発展を促進する。

一、「二横三縦」の都市群を漸進的に建設し、各要素の地区間の流動を加速し、経済を活性化させる。主体機能区の配置に基づき、将来的に「二横三縦」の枠組みを構築する。具体的には、ランドブリッジ（ユーラシア大陸横断鉄道）と長江沿いの二ルートを横軸とし、沿海（大連―湛江《たんこう》）、京哈《けいは》（北京―ハルビン）および京広《けいこう》（北京―広州）、呼包鄂昆《こほうがくこん》（フフホト―パオトウ―オルドス―昆明）の三ルートを縦軸とし、最適化開発区と重点開発区の都市化地区を中心として、軸線上のその他都市化地区から構成される都市群を建設する。再編成後の経済地理は、陸海空にわたる世界超級の総合交通輸送システムを形成し、各要素の地区間の自由な流動と都市機能の移転再編ルートを確保し、資源配置の合理化と経済効率の向上に役立つものとなる。

二、分類に従って指導し、財政移転支出を拡大し、各地区の公共サービスの均等化をさらに進める。今後も政府の等級区分と財政体制が変わらないという前提のもとで、従来の一人当たりＧＤＰではなく人間開発指数（ＨＤＩ）を用いて国内三十一の地域に対して分類を行い、その分類に基づいて指導を行う。また、それを国が地方の発展のために行う政策ツール（貧困支援、財政移転支出、公共投資など）の意思決定と分配の主な根拠とする。同時に、基本公共サービスについて基準を設け、基準指標未満の地域を重点政策対象とする。これについては、少数民族地域の基本公共サービスの水準を二〇二〇年までに全国平均水準に引き上げることを保障するため、すでに国務院が特定項目文書を通達している[16]。西部大開発の目標に基づき、二〇二〇年までに西部地区の基礎インフラをさらに整備し、生態環境の悪化を効果的に抑制し、公共サービスの東部との差を大幅に縮小する[17]。

三、主体機能区の建設を全面的に推し進め、人口と産業の分布を環境容量に応じて調整する。二〇一〇年十二月二十一日、国務院は「全国主体機能区計画――高効率で調和型の持続可能な国土空間開発の配置」を公布し、国土空間を開発に応じて最適化区、重点区、制限区、禁止区の四つに分類した。[18] この分類は国土開発の配置から都市と農村、地区間、人と自然の関係を調整する重大な措置であり、[19] 各区の環境容量に基づいて人口と産業の分布を再調整し、人口、経済、資源環境の均衡化を実現するものである。

（二）都市と農村の調和型発展

農村の余剰労働力の流動にともない、中国における都市と農村の構造は二元構造（一九四九―一九七七年）から、三元構造（一九七八―一九九一年）を経て、四元構造（一九九二年―現在）へと変化した。目下、中国は「農村における農業と郷鎮企業（中国農村の末端の行政単位である郷〔村〕や鎮〔町〕が経営する企業）の二元構造」プラス「小都市における正規就業と非正規就業の二元構造」という四元構造の矛盾に直面している。これは従来の二元構造よりもさらに複雑で対応の難しい問題である。第十八期五中全会の決議に基づき、第十三次五カ年計画の期間、中国は新型の工業化、情報化、都市化、農業の近代化という「四つの化」を同歩調で発展させ、それにより四元構造の難問を解決し、都市と農村の調和型発展を促進する。

「四つの化」の中で、農業の近代化はすでに「短い板」となっている。核心は「農業の強化」である。農業自体を発展させ、近代化を加速すると同時に、ほかの「三つの化」で農業の近代化をフォローし、イノベーションと飛躍的発展を実現する。かつて「工業で農業を補う」というスローガンがあったが、今回はさらにそれを推し進め、「工業で農業の発展を促進」し、農業の機械化とともに情報化を加速し、農業の情報化、ネットワーク化、モバイル化を促進する。農業の近代化は国家と社会に次のことを求めている。①近代的な農業要素を絶え間なく投入し、農業の基礎インフラを改善し、技術革新と実用化を強化し、機械化の水準を高め、農業の特に食糧総合生産力を向上させ、農業サービス体系を整備する　②農業構造の転換を加速し、低付加価値から高付加価値へ、自給自足の農業モデルから高効率でグローバルな近代農業モデルへの転換を実現し、グローバル市場へ積極的に進出する　③生産組織を改革し、産業化経営の水準を大幅に向上させる。例をあげると、農家と企業が互いに助け合い、利益をわかち合い、リスクをともに負担するようなメカニズムを形成し、農業生産の規模化、機械化、近代化を推進し、競争力を高める。制度的優位を生かし、体制メカニズムの構築を強化し、社会の各方面に働きかけて「三農（農村、農民、農業）」への支援を拡大し、「工業で農業を促進し、都市が農村をけん引し、工業と農業がともに潤い、都市と農村が一体化する」ような新型の工業・農業・都市・農村の関係を創出する。この過程において、国と社会による近代的農業要素の投入を強化し、生産組織と経営モデルの転換を先導し、農業構造の調整を図り、農産物の高度加工と農村のサービス業の発展を促進し、農民の所得増加の道を切り開き、農民の所得増加を支援する政策を整備し、農村の発展への内発的動機づけを強化する。

新型の都市化を推進する過程で、「一億人の農民工（農村戸籍の出稼ぎ労働者）」という「短い板」を補強する。核心は「農民工を市民とする」ことである。約一億の農業移転人口（離農人口）を小都市に居住させ、各地方の人口管理と戸籍制度の改革を奨励し、「一都市二制度」から「一都市一制度」への転換を加速し、小都市において基本公共サービス、社会保障、住宅の基本保障を全住民に行き渡らせる。これが実行に移せれば、貧富の差は徐々に縮小し、社会階層間の流動性が高まり、全面的な小康社会が形成され、「共同富裕」の社会主義近代化の目標を真の意味で実現できる。農民工の都市民化（都市戸籍取得）を推進し、小都市で出稼ぎをする農民工が憂いなく働き、落ち着いて暮らせるようにする。国情に見合った、比較的整備された基本公共サービス体系を徐々に形成し、都市と農村をカバーする持続可能な政府主導型の基本公共サービス体系の構築を加速する。戸籍制度改革を徹底し、都市の建設と管理を強化し、農民工の都市民化を加速し、人を核心とする新型の都市化を推進する。新型の都市化は人間の都市化を核心とし、人口の流動を合理的に導き、農業移転人口の都市民化を秩序よく推進する。[20] 戸籍制度改革の実施、居住証（＝住民票）管理の整備は目標の実現にとって重要な措置であり、[21] 基本公共サービスを全住民に行き渡らせるための基礎を築き、人間の全面的発達と社会の公平性と正義に寄与し、近代化建設の成果を全住民でわかち合うことを実現する。そのほか、財政移転支出の健全化をはかり、都市建設用地の増加と農業移転人口の都市民化の規模を結びつける制度を徐々に設け、住宅制度改革を徹底し、小都市の貧民街にあるバラックや都市と農村にある倒壊の危ぶまれる建物の改築を強化し、移転人口のために必要な生活環境と公共サービスを用意する。

都市と農村の公共資源をバランスよく配置し、基本公共サービスの均等化を実現する。都市と農村において、経済発展と社会発展の一体化に基づき、国情に見合った、比較的整備された基本公共サービス体系を徐々に築き、農村と農村移転人口を多く受け入れる小都市に社会事業発展の重点を置き、小都市の公共サービスを農村まで広げ、農村の教育、就業、社会保障、医療など公共サービスの水準を徐々に都市部並みに引き上げる。農村建設への投資を拡大し、基礎インフラへの長期投資メカニズムを整備し、居住環境整備活動を展開し、美しく住みやすい農村を建設する。「都市と農村の一体化」では、農村の社会発展における「短い板」を補強する。核心は「農村の整備」である。農村の生産および生産条件を大幅に改善し、農村計画および管理の水準を引き上げ、インフラを全面的に建設し、公共サービス施設を拡充し、教育、文化、医療・保健、社会保障サービスのネットワークを整備する。この過程で最も重要なのは環境総合対策への支援である。「都市部と農村の住民所得を二〇一〇年比で倍増する」過程で、農民の所得増加の不足を補強する。核心は「農民を豊かにする」ことである。農民の所得増加率が経済成長と小都市住民の所得増加率を上回ることを保障し、農村の新型の医療保障と社会保障の水準を引き上げ、最も効果的に改革の成果をわかち合えるようにする。

(三) 物質文明と精神文明の調和型発展

目下、中国は全面的な小康社会建設の正念場にあり、国家の経済力と技術力を核心とするハードパワーの増強と同時に、精神文明建設によってけん引されるソフトパワーの増強にも注力し、発展の全体性を絶えず高めていかねばならない。精神文明の建設は中国の特色ある社会主義建設にとって重要な戦略的課題である。物質文明と精神文明の建設を並行して行い、国の物質力と精神力を増強し、国内各民族の生活の物質面と精神面をともに改善していくことができなければ、中国の特色ある社会主義事業は先行きが危ぶまれる[22]。

第十八期五中全会では、物質文明と精神文明の調和型発展が打ち出され、次の点が指摘された。①社会主義の核心的価値体系を深く行き渡らせ、良好な思想と道徳的な気風をさらに醸成し、国民の質を大幅に向上させる ②人々のニーズに応じた文化的財の充実をはかり、優秀な作品が次々に生まれるような環境をつくる ③文化事業を全面的に繁栄させ、社会全体をカバーする公共文化サービス体系を基本的に構築し、基本公共文化サービスの均等化に努める ④国民経済の基幹産業となる文化産業について、全体的な力と国際競争力を大幅に引き上げ、公有制をはじめ各所有制がともに発展する配置を全面的に構築する ⑤文化管理体制と文化的財の生産経営メカニズムを活性化し、効率を上げ、「民族文化を主体とし、有益な外来文化を吸収し、中華文化の国際化を推進する」ための文化開放型配置をさらに整備する ⑥優秀な文化的人材組織の前途は非常に有望であり、文化の繁栄につながる人材の保障に力を入れる。これらの実現のために全党および国を挙げて尽力し、文化建設の科学化を推進し、中国が社会主義文化強国になるための基礎を築いていく。

そのためには、まず共通の信念を確立し、道徳建設を強化し、社会主義近代化建設のために強力な精神的支えを用意する。「中国の夢」である「現代化」された社会主義強国の建設と民族の復興は、中国人共通の願いであり信念である。夢を実現するには、社会主義建設の過程で、鄧小平理論、「三つの代表（江沢民政権が打ち出した中国共産党は先進的な生産力、先進的な文化、および広範な人民の根本的利益の三つを代表するという思想）」、科学的発展観、習近平主席の一連の重要演説の精神で党全体を武装し、人民を教育し、「中国の夢」と社会主義の核心的価値観を通じてコンセンサスを築いて力を結集し、全人民に固い信念を抱かせ、進むべき道、理論、制度への自信を持ち続けさせねばならない。そして、社会における思想道徳建設と「誠信建設（誠実さと信用を重んじる気風を築く）」を強化し、国家、法治、社会的責任に対する意識を強め、良好な党、政治、社会、家庭の気風を涵養し、社会全体の道徳レベルを高め、市場経済の建設と調和した社会の建設のため、良好な道徳環境を創出していく。

次に、文化産業を繁栄させ、文化体制改革を推進し、大衆の精神文化面のニーズに応える。文化産業政策を整備し、市場メカニズム建設を強化し、新型の文化業態を育成し、市場主体の競争力を強化し、文化市場の活性化と効率化をはかり、文学、芸能、報道、出版、放送、映画産業の発展を促進する。文化体制改革を徹底し、文化行政部門の職能の転換を加速し、公共文化サービスのシステムを整備し、基本公共文化サービスの標準化と均等化を推進し、各階層および地域の人々の精神文化面のニーズに応えていく。

最後に、正確に世論の動きを掌握し、従来メディアと新興メディアの融合を促進し、国内外への発信力を強化する。世論を導くメカニズムをさらに整備し、ネットによる広報活動をイノベーションして改善し、ネットの情報伝達法則に基づいて「主旋律」（共産主義と愛国主義の思想）を広め、プラスのエネルギーを奮起させ、曇りのないネット空間を創出する。[23] 報道の情報伝達法則と新興メディアの発展法則に従い、ネット的思考を強化し、従来メディアと新興メディアのコンテンツ、チャネル、プラットフォーム、経営、管理などの分野の深い融合を推進し、立体的で多角的な融合型発展の近代的な伝達システムを構築する。[24] 国際的な発信力を強化し、世界的なメディアを立ち上げ、対外的な広報手段をイノベーションし、国内外に通用する新たな概念、カテゴリー、表現を確立し、中国のことを紹介し、中国の声を伝えていく。[25]

（四）国防建設と経済建設の調和型発展

中華民族の偉大な復興とは、「強国の夢」、「強軍の夢」を実現することである。そのためには、富国と強兵の統一を堅持し、強固な国防、強大な軍隊の建設に尽力しなければならない。[26] 経済建設と国防建設の調和型発展は国防と軍隊の改革にとって重要な構成部分であり、「軍民融合（軍隊と民間の融合）」を制約する体制上の障害、構造上の矛盾、政策上の問題の解消を注力点とする。[27]

第十八期五中全会では、経済建設と国防建設の融合型発展が打ち出された。国家の安全にとって最も重要な国防は、純粋に全国的な公共財である。現在、中国の国防建設と経済建設は依然として不均衡であり、国防支出はかなり保守的な低レベルにあるが、経済力が強まるにつれて外部から受ける脅威と挑戦は日増しに多くなっている。国防支出の増加ニーズに応えて中央の財力を増強し、国防の安全係数を引き上げねばならない。国防産業は基本的に産業連関性の高い産業であり、その発展は経済成長をけん引する大きな力となる。同時に、国防用品と国防サービスを分け、異なる運営メカニズムを採用し、そのうえで過度の非軍事支出を大幅に削減し、国防支出の費用対効果を向上させれば、過重な社会負担を軽減することができる。

一、統一的な指導、軍と駐屯地が協力する、スムーズで高効率な組織管理システムを構築する。党および国家大局を強く意識し、軍と駐屯地が協力して地域を盛り上げるような気風を醸成する。国家事業の全局から問題をとらえ、[28]「軍民融合」を地方の経済社会の発展に取り入れ、計画に組み入れ、実践に取り込み、経済発展、インフラ建設、環境保護、国防動員、後方支援などの分野における軍民双方の協力を強化する。

二、「国家主導、需要によるけん引、マーケティング」が統一された運営システムを構築する。国家戦略[29]である「軍民融合」は複雑で体系的なプロセスであり、「国家の主導力」と「市場の力」を同時に発揮させ、二本の手をうまく使い、軍と民に資源を合理的に配置しなければならない。そのため、国が主導して軍民融合を保障し、政府の各層において「統一的な指導、軍と駐屯地の協力、需要とのリンク、資源のわかち合い」を実現するメカニズムを構築し[30]、政策と法律を整備し、軍民の統一を発展計画に組み入れる必要がある。その一方で、市場メカニズムにより軍民融合に活力を与え、民営企業の参入ハードルを引き下げ、軍需産業の独占体制を解体し、国家安全機密管理を強化し、「開放、競争、公平」の軍事経済市場システムを構築する。

三、軍民融合の「全要素、多分野、高効率」の発展を深化させる枠組みを形成する。[31]技術革新を主な動力として、国防科学技術産業のけん引力と波及効果を十分に発揮し、「軍が民をリードし、民を軍に用いる」ことを推進し、融合する分野と範囲をさらに拡大し、経済、科学技術、人材、生態環境など多くの分野にわたる包括的発展を実現する。(32)

五、まとめ

「事物は普遍的に連関する。事物およびその各要素は互いに影響し、制約し合う。世界は相互に連関する全体であり、相互に作用する系統でもある」。調和の発展理念はまさにこの弁証法的唯物論の認知に基づいて形成された概念であり、「人間の全面的発達」のニーズに応えるため、発展の過程において重大関係の不均衡を解消し、消極的要因の積極的要因への転換を求める。

調和の発展理念は長期の発展の実践から生まれたものである。「唱和が統一され、宮商《きゅうしょう》が協調してこそ、調和のとれた美しい音楽を奏でることができる（唱和：先に唱《しょう》する声と後から和《わ》する声、宮商：宮と商は音階の名前）」という古人の格言から、近代的な「五つの統括」「四つの化の同歩調」の発展理念まで、調和の概念は時代によってさまざまな肉づけがされてきた。建国後、調和の発展理念はそれまでのエッセンスに加え、マルクス主義の弁証法的唯物論の哲学を吸収し、絶えず政治、経済、文化など多方面にわたる党員の実践経験を総括し、ますます内容が深まり豊かになった。同時に、徐々に社会発展の補助的な原則から社会発展を指導する根本的な方策となり、全面的に持続可能な発展の社会を建設するための指針となった。

調和の発展理念は社会の発展を導く根本的な方策として、広大な範囲をカバーし、内容が豊富で多岐にわたり、社会建設を全面的に推進するうえで有力な保障を与えてくれる。調和型発展は、戦略的には「四つの全面」をバランスよく推進することであり、計画的には各発展の関係のバランスをとることである。組織体制からいえば、党組織の「全局を統合し、各方面を協調させる」体制メカニズムを整備することである。そうして、それらを通じて国内に調和型の秩序ある安定した経済社会発展システムを形成し、各要素を効率のよい秩序ある流動に導き、矛盾がもたらすエネルギー消費や社会コストを低水準に抑え、社会全体の発展と進歩を推進していく。

---

(1) アトラスメソッドでは二〇一五年は十六兆四千五百億ドル。購買力平価説では二〇一五年は十九兆四百億ドル。
(2) アトラスメソッドでは二〇一五年は十八兆千二百億ドル。購買力平価説では二〇一五年は十八兆千二百億ドル。
(3) アトラスメソッドでは二〇一五年は十一兆二千百億ドル。購買力平価説では二〇一五年は十八兆九千八百億ドル。
(4) 林語堂『中国人的生活智慧(中国人の生活の知恵)』陝西、陝西師範大学出版社、二〇〇七年版、九三頁
(5) 「嘉興市共産党委員会常務委員民主生活会議における習近平総書記の演説」二〇〇四年十二月二十三日
(6) エンゲルス「致康・旋米特(コンラート・シュミットへ)」(一八九〇年十月二十七日)『馬克思恩格斯選集(マルクス、エンゲルス選集)』第四巻、北京、人民出版社、一九七二年、四八七頁
(7) 黄俊、張暁峰「科学的発展観:馬克思主義協調発展理論的時代解読――以協調発展為例(科学的発展観:マルクス主義の協調発展論の時代的解読――協調発展を例として)」『湖北社会科学』二〇〇八年第一期
(8) 「論十大関係(十大関係論)」(一九五六年四月二十五日)『毛沢東文集』第七巻、二三~四四頁、北京、人民出版社、一九九九年
(9) 「論十大関係(十大関係論)」(一九五六年四月二十五日)『毛沢東文集』第七巻、四四頁、北京、人民出版社、

一九九九年

(10) 江沢民「正確処理社会主義現代化建設中的若干関係(社会主義『現代化』建設における若干の重大関係を正しく処理せよ)」(一九九五年九月二十八日)『江沢民選集』第一巻、四六〇~四七五頁、北京、人民出版社、二〇〇六年

(11) 毛沢東「在省市自治区党委書記会議上的講話(省市自治区党委員会書記会議上の演説)」(一九五七年一月二十七日)『毛沢東文集』第七巻、北京人民出版社、一九九九年、一八六頁

(12) 胡鞍鋼『中国走向二十一世紀的十大関係(二十一世紀に向かう中国の十大関係)』黒竜江教育出版社、一九九五年、三~四頁

(13) 胡鞍鋼「中国国情与経済発展〔下〕(中国の国情と経済発展〔下〕)」『国情報告』二〇〇四年第三十四期、二〇〇四年四月二十六日

(14) 習近平「国民経済と社会発展のための第十三次五カ年計画制定に関する党中央の建議――第十八期三中全会における報告」二〇一五年十月二十九日

(15) 習近平「第十八期五中全会第二回全体会議における演説(抜粋)」『求是』二〇一六年第一期

(16) 二〇二〇年までに、①経済と社会の発展に応じた近代的な総合交通輸送システムと水利工事システムを基本的に構築する ②近代的な産業システムを基本的に構築し、経済成長の質と効率を大幅に引き上げ、総合競争力を著しく増強し、都市化のレベルを大幅に引き上げ、技術革新の力を明らかに向上させる ③石漠化(地上表面の土壌が流出して、下の岩石が表面に現れる現象)の広がりを根本的に抑え、森林率を五〇%に高め、環境質を良好にする ④基本公共サービスを全国平均水準に到達させ、都市部と農村の住民所得を著しく向上させ、全面的な小康社会の建設という奮闘目標を実現する。資料出典:「貴州市の経済と社会のより一層良好かつ急速な発展に関する国務院の若干の意見」国発〔二〇一二〕二号

(17) 「西部大開発戦略実施の深化に関する党中央と国務院の若干の意見」二〇一一年七月

(18) 「全国主体機能区計画――高効率で調和型の持続可能な国土空間開発の配置」二〇一一年十二月二十一日

(19) 陳徳銘・元国家発展改革委員会副主任が二〇〇七年五月に恵州会議で、主体機能区の形成は「科学的発展を実

行に移し、都市と農村の発展を調整し、人と自然の調和のとれた発展を調整する重大な措置であり、わが国の経済と社会の発展、ならびに中華民族の長期発展にかかわる」と指摘した。陳徳銘「全面貫徹落実科学発展観、紮実推進全国主体功能区規劃編制工作（科学的発展観を全面的に徹底的に実施し、全国主体機能区計画編成を着実に推進せよ）」『中国経済導報』二〇〇七年六月三十日

（20）「国家新型都市化計画（二〇一四―二〇二〇年）」二〇一四年三月十六日

（21）「李克強主持国務院党務会議（李克強首相主催の国務院常務会議）」新華社二〇一五年十月二十一日北京発

（22）「二〇一三年全国宣伝思想工作会議における習近平主席の演説」新華社二〇一三年八月十九日北京発

（23）「党中央インターネット安全・情報化指導グループ第一回会議における習近平主席の演説」新華社二〇一四年二月二十七日北京発

（24）「党中央全面的な改革深化の指導グループ第四回会議にて習近平主席が行った重要演説」新華社二〇一四年八月十八日北京発

（25）「二〇一三年全国宣伝思想工作会議における習近平主席の演説」新華社二〇一三年八月十九日北京発

（26）「広州戦区視察時における習近平総書記の演説」新華社二〇一二年十二月十二日広州発

（27）「第十二期全国人民代表大会（以下、全人代）第三回会議解放軍代表団全体会議における習近平主席の演説」新華社二〇一五年三月十二日北京発

（28）「第十二期全人代第三回会議解放軍代表団全体会議における習近平主席の演説」新華社二〇一五年三月十二日北京発

（29）「国民経済と社会の発展のための第十三次五カ年計画制定に関する党中央の建議」二〇一五年十月二十九日、第十八期五中全会にて採択。

（30）国務院新聞弁公室『中国的軍事戦略（中国の軍事戦略）』二〇一五年五月

（31）「第十二期全人代第三回会議解放軍代表団全体会議における習近平主席の演説」新華社二〇一五年三月十二日北京発

（32）「瀋陽軍区視察における習近平主席の演説」新華社二〇一三年八月三十日瀋陽発

第三章　グリーンの発展理念

グリーンの発展理念の核心は人と自然の間に正しい関係を築くことであるが、これは新たな発展理念の基本的課題であり、また、中国経済社会の発展において大前提となるものである。グリーンの発展理念はわが国のエコ社会の建設を導く核心理念であり、中国の発展を永続させるための必要条件である。

人と自然の関係は太古の昔よりさまざまな歴史的変遷を経てきたが、この変遷はまた自然に対する認識の非常に複雑な発展プロセスである。そのプロセスは次の三つの段階に分けられる。第一段階は、人間がまるで奴隷のように、その一切の活動が自然による制約を受けていた受身の段階である。第二段階は人が逆に自然界の主となり、自然を主体的にコントロールすることでそこから限りない利益を得ようとした段階である。自然を改造の対象とみなし自然によって制約されることを拒んだ人類は、同時に自然を破壊し、人類自身の生存と発展の基礎まで破壊してしまった。この段階は人類が大いに発展した黄金時代といえるが、人と自然の間の矛盾が顕著になった時代でもあった。第三段階は人が自然界の主であることをやめ、両者が友人になる共生の段階である。自然の破壊者ではなく保護者となった人類は、自然を改造の対象とだけ見なすのではなく、時に従い、時に適切に利用し、注意深く保護し、自然保護システムを人類が継続的に発展するための基盤とする。

第十八期五中全会ではさらにここから一歩進み、グリーン型発展は中国が今後の発展において目指すべき重要な方向であり、また中国が永続的に発展するための必要条件であるとした。これは中国のグリーン型発展と生態文明建設が全面的な改革、計画、推進の新時代に入ったことを示している。

本章ではグリーンの発展理念に対する分析と思考をさらに深めるため、思想のよりどころ、推進のためのルール、推進の道のりと主な方向、長期的目標について詳説しながら理解を進めてゆきたい。

一、思想のよりどころ

グリーンの発展理念には三つの思想のよりどころがある。

まずは、思想のルーツとして中国古代の「天人合一《てんじんごういつ》」が挙げられる。人と自然の調和、自然法則への適応、自然の節度ある利用を旨とする「天人合一」思想は、人と自然が長期的に共生・共存するための自然観、哲学観である。のちに西洋から入って来た資本主義的「天人対立観」は、自然を征服、略奪、コントロールの対象とみなし、自然を損ない常に人類の支配下に置こうとする思想であるが、これとは異なるものである。中国人はまさにこのような教えのもと、「古《いにしえ》より天や自然に背くことのないように、天命や自然と一つになろうとしてきた」(1)のであり、わが国の文化は大自然に畏敬の念と親愛の情を持ち続けてきた。これは中国の伝統的な知恵であり、自然との長期的、さらには恒久的な関係を志向するものである。さらに言えば、この考えは自然を人類の源流と考え、自然に従い、自然に益し、恩返ししようとする現代の「天人合一」観に発展させることができる。これは人類が自然と共生・共存・共栄するためには不可欠な思想であり、また、人類の発展において必ず通らなければならない道でもある。

第二は、グリーンの発展理念に科学的法則を示してくれるマルクス主義の自然弁証法である。自然弁証法では大自然を人類の命の源、命のおおもとと考える。マルクスは史的唯物論の立場から人類の歴史は自然史の延長ととらえ、「歴史の本体は自然史であり、自然が人へと変化するプロセスの現実的な一部である」(2)とした。同時にマルクスは人類は自然に依存し、「人であろうと動物であろうと、人類の生活はその肉体を人(および動物)と同じく無機物に依存している。人は動物に比べ、普遍的であればあるほど、頼みとする無機物の範囲はより広くなる」(3)と述べた。次に、自然弁証法では人と自然の関係を相反するものの統一としてとらえる。人類は自然を理解し、改造することができるという側面を有する。人と自然の関係において人類は主体、自然は客体ととらえられ、人類は能動性を発揮することで自然界を変えることができる。(4)最後に、自然弁証法は、自然を変えるためには自然の法則を尊重し、それに従わなければならないと考える。エンゲルスは、「人は自然を通してみずからの目的のために自然界を利用し、支配する。しかし、自然界を離れて支配するのではない、自然を統治できるかどうかは自然の法則を正しく理解し応用できるかどうかにかかっていることをどんな時も忘れてはならない」(5)と指摘している。

第三は、グリーンの発展理念が模範とし、また超えてゆくべき持続可能な発展である。持続可能な発展とは資源と環境の保護を重視するものであり、汚染問題は十分に発展した後に解決すればいいとする考え方を否定し、目の前の発展のために資源を食いつぶすのではなく未来の子孫のことも考える。(6) 中国はその実践の中で、国際的な持続可能な発展の思想を十分に吸収しつつ、わが国の状況をよく考慮した独自の新機軸を打ち出し始めている。また特に、持続可能な消費モデルを初めて提案したことや、資本主義的発展の限界に対する言及は、わが国の持続可能な発展の実践が欧米のそれを追い抜きつつあることを示している。そしてさらに、二十年にわたる持続可能な発展のための実践と模索は中国独自の発展理念――グリーン型発展として実を結びつつある。

二、これまでの実践

グリーン化という中国の発展思想は簡単に生まれたものではなく、長い模索を経てたどり着いたものであり、グリーン型発展に対する党中央の認識もまた紆余曲折の変遷を経ている。

早くも一九七〇年代に党中央は、経済成長とともに現れた環境問題に注意を払っていた。しかし、当時の発展段階と認識には限りがあり、環境保護は依然として初級段階にとどまっていた。

一九九〇年代に入り、世界的な生態環境の悪化にともない、国内の環境問題も徐々に際立つようになった。党中央は全局的な観点から生態文明建設と国家の全面的な発展は切り離せないとの認識に至り、一九九〇年代末の中国共産党第十五回全国代表大会（以下、第十五回党大会）で持続可能な発展戦略を打ち出した。このときは主に長期発展を重視する立場から、生態文明建設と環境保護に対して戦略的配置を実施した。

二〇〇二年の第十六回党大会の報告では、「持続可能な発展」が全面的な小康社会建設の目標に組み入れられた。二〇〇七年の中国共産党第十七回全国代表大会（以下、第十七回党大会）の報告では、「調和型の全面的で持続可能な発展」を科学的発展観の重要な内容として「資源節約型、環境友好（環境にやさしい）型社会の建設」が打ち出され、正式に「生態文明建設」を二〇二〇年の全面的な小康社会建設のための五大目標の一つとされた。

二〇一二年の第十八回党大会の報告では、「生態文明」の地位がさらに引き上げられ、全面的な小康社会建設のための五大目標の一つになっただけでなく、同時に「生態文明建設を突出した位置に置き、経済建設、政治建設、文化建設、社会建設の各分野および全過程に取り入れる」ことが定められ、「生態文明建設を大いに推進する」という題目で一章を設け、具体的に生態文明建設の方策が提示された。こうして政治、経済、文化、社会、生態文明の「五位一体」という中国の特色ある社会主義の「総配置」が定まった。

二〇一五年四月二十五日、党中央と国務院は「生態文明建設の推進加速に関する意見」の中で初めてグリーン化の概念を提起し、「新型の工業化、情報化、都市化、農業の近代化、グリーン化をともに推進する」とし、それまでの「新しい四つの化」を「新しい五つの化」にイノベーションし、生態文明建設を重視する姿勢を示した。

さらに第十八期五中全会では、グリーンの発展理念は第十三次五カ年計画期間の発展を導き、全面的な小康社会建設という新目標を実現するための新たな発展理念の一つとして位置づけられ、わが国の生態文明建設を新たな高みへと押し上げた。

全体的にみると、中国の特色ある社会主義「現代化」建設の青写真を描く過程において、グリーンの発展理念は「無位」から「有位」へ、「サブ」から「メイン」へと昇格し、「無目標」から「有目標」へ、「普通の目標」から「重要な目標」へ、そして最終的には政治、経済、文化、社会、生態文明の「五位一体」総配置の重要な支えとなった。

グリーンの発展理念は、国家発展目標を徐々にグリーン化へと導いた。建国初期の頃は発展段階の制約を受け、国家発展目標に生態環境への配慮は全くなかった。改革開放後、「経済建設中心」の路線に対する偏った認識から、経済の発展だけを追い求め、生態環境を軽視する傾向が普遍的に存在した。

国家戦略として持続可能な発展を初めて掲げた第十次五カ年計画は「中華民族の生存と発展にかかわる遠大な長期計画」として、環境に直接関連する目標を次のように数値化した。「人口の自然増加率を九％以内に抑え、二〇〇五年の総人口目標を十三億三千万人以下とする。生態環境悪化の勢いを食い止め、森林率を一八・二％に、都市の市街地の緑被率を三五％に引き上げる」。さらに「都市と農村の環境質を改善し、主な汚染物質の排出総量を二〇〇〇年比で一〇％減少する」という目標が定められた。

第十一次五カ年計画では、グリーン型発展の分野で重要なイノベーションが制定された。一、初めて「資源節約型、環境友好型社会の建設」が打ち出された。二、九大目標の中に資源と生態環境という二大目標が取り入れられた。三、初めて「資源節約型、環境友好型の社会の建設」が独立して取り上げられ、計五章からなる一編にまとめられた。四、初めて拘束性指標（達成に向けて義務を負う）制度が定められた。その目的は政府の責任の明確化と強化にあり、達成の難しい資源環境目標を拘束性指標とし、レイヤー分析の手法を用い、グリーン型発展の目標を幹部の人事評価と結びつけた。

第十二次五カ年計画では、経済発展モデルの転換を加速するにあたり、初めてグリーン型発展が重要な注力点とされた。同計画の第六章の題目は「グリーン型発展」であり、「資源節約型、環境友好型社会」に立脚点が置かれた。またグリーン型発展の指標がさらに際立ち、全体に占める割合が大幅に増加した。二十四ある国民経済と社会の発展指標のうち、資源環境の指標は八で全体の三分の一であるが、そのうち主要汚染物質には指標が四、森林には二あるので、実際には発展指標は二十八、資源環境指標は十二となり、全体の五分の二を超え、四二・九%を占めた。

第十八期五中全会の「建議」では、第十三次五カ年計画の核心目標を「生態環境質の総体的な改善」とした。内容は次の通りである。生産モデルと生活様式のグリーン化と低炭素化のレベルを引き上げる。エネルギー資源の開発と利用効率を大幅に向上させ、エネルギーと水資源の消費、建設用地、炭素排出総量を効果的に抑制し、主要汚染物質の排出総量を大幅に減少させる。主体機能区の配置と生態環境のセキュリティバリアを基本的に構築する。

こうした措置は新たなグリーンの発展理念の構想、目標、指針を表すものであり、グリーン型発展、社会主義生態文明という中国の新たな時代を切り開き、二十一世紀における世界のグリーン型発展の流れをリードするものである。

三、グリーンの発展理念が求めるもの

グリーンの発展理念には三つの側面がある。

一つは経済活動の側面である。グリーンの発展理念は資源要素の配置を環境配慮型に再編する、新たなグリーン型生産の関数を設定することを求めている。グリーン型生産においては、関数は生態系価値の最適化された合理的配置を反映する方向へ向かい、資源がグリーン型配置へとシフトするので、人の経済的な生産および消費活動にエコ要素が増加、蓄積、転移することになる。そして、最終的には人の経済活動と生産消費モデルをグリーンの時代へと進ませ、人類の発展を永続的なものにしていく。

二つ目は発展段階の側面である。グリーンの発展理念はグリーン型発展の飛躍的成長を求める。相対的に低レベルの発展段階（一人当たりＧＤＰ）のうちに、エネルギー資源消費の増加や環境汚染損失の拡大など生態学的赤字を経済社会の発展速度から切り離さねばならない。開発経済学の用語でいえば、「環境クズネッツ曲線のトンネリング」の実現である。人と生態環境の関係を表す「環境クズネッツ曲線」において、人と生態環境の関係は人類の発展の各段階に応じて、それぞれ生態系学的赤字がゆっくりと拡大する時期、急拡大する時期、縮小する時期、黒字の時期の四段階に分けることができる。従来の欧米式発展モデルの場合、産業文明末期の一人当たり平均所得がやや高水準になったとき、生態学的赤字のピークを迎え、その後、発展モデルを主に技術の進歩や生産モデルの転換を通じて修正し、経済成長から徐々に資源消費、汚染排出を切り離し、生態学的赤字の減少期に移行する。

しかし、人と生態環境の関係は人類の発展の時期やレベルによるだけでなく、それよりも発展モデルや発展ルートの選択によって決まるところが大きい。生態環境の許容度と適応力には限りがあり、中国の環境容量はすでに限界に近い。従来の発展モデルをこのまま踏襲すれば、おそらく近いうちに生態学的閾値を超え、経済と社会の発展に深刻な危機が生じるだろう。そのため、われわれは人の主観的能動性、国家戦略のマクロ的な指導性、地方変革の積極性、企業改革の主体性、全人民参加の広範性を十分に発揮し、政治的意識、制度措置、文化育成、国際協力など多様な方法を通じて、経済発展モデルの転換を加速し、既存の発展ルートを変更し、環境クズネッツ曲線のトンネリングを実現し、再生不能資源の消費、汚染物質の排出、温室効果ガスの排出を発展から切り離し、資源、環境、生態学的コストを大幅に削減しなければならない。それらが実現すれば、経済発展と人間の発達が相対的に低い段階のうちに生態学的赤字の縮小または生態学的黒字の段階へと進むことができる。

　三つ目は最終目標からみた側面である。グリーンの発展理念の核心は、人と資源の「天人合一」と「天人互益（天と人がともに益する）」の実現を通じて、人類の「自然から生まれ、自然に従い、自然から恩恵を受け、自然に報いる」道を実現することである。発展の概念について、過去にも「先祖の飯を喫《きっ》し、子孫の路を断つ」といったブラックな面への批判はあったが、永続的に人類が発展する道を見つけるには至らず、消極的な態度で生態環境に対応していた。これに対して、グリーンの発展理念は従来の発展観とは異なり、その追及する人と自然との関係は積極的、主体的、互恵的なものである。グリーンの発展理念が強調するのは、生態環境の秩序だった利用、対策、投資を通じて、「先人、樹を植え、その涼を楽しむ」という天と人がともに益する関係の実現である。[7] グリーンの発展理念において、人の役割はさらに積極的であり、人は「天に従う」以外、さらに「天に益する」ことができる。人は自然から生まれ、自然に従うだけでなく、自然から恩恵を受け、自然に報いることができる。人と自然は共生だけでなく共存・共栄することができる。人類が未来にわたって生存する発展の道を提示したグリーンの理念は、未来の人類が通る道でもある。

グリーンの発展理念は三大システム（経済、社会、自然）の統一性をよく認識し、生態環境の価値性を具体的に表し、各主体が十分に積極性を発揮するよう求めている。

グリーンの発展理念は、発展の過程で経済システム、社会システム、自然生態システムの統一性を尊重するよう求めている。これはグリーン型発展が自然生態システムの発展だけでなく、経済―社会―自然の三大システムの有機的な統一であることを意味しており、経済、政治、文化、社会の建設の各分野、全過程にグリーンの発展理念を取り入れなければならない。そして、グリーンの発展理念は発展において開発と保護を統一する概念の確立を求めており、「発展は絶対的な道理だ」という戦略方針を堅持するには、今後推進する発展は環境保護とのバランスをうまくとり、必ずグリーン型発展、循環型発展、低炭素型発展でなければならない。また、自然生態システムの建設において、「山水林田湖（山や河、森林、田畑、湖などの自然）」は一つの生命共同体であるという理念を確立し、生態系の全体性、系統性とその内在する法則に基づき、自然生態システムの各要素に対して、陸地なら山頂も麓も、地上も地下も、河川なら上流から下流まで海洋も含めて、全体的な保護、体系的な修復、総合的な対策を実施し、生態系の循環力を増強しバランスを維持していかねばならない。

グリーンの発展理念は、発展の過程で自然生態システムの価値性を十分に表すことを求めている。習近平主席の「緑水青山こそが金山銀山だ（豊かな自然こそ富だ）[8]」という発言の通り、グリーン型発展において生態環境および自然資源には極めて高い価値があることを十分認識しなければならない。この価値は行政的手段と市場コントロールを結びつけた手法でなければ、経済と社会の発展の中で体現することはできない。具体的には、まず理念の面からいえば、「緑水青山こそが金山銀山だ」という理念を確立する。清浄な空気と水、美しい山河、肥沃な土地、生物の多様性は人類が生存するうえで必要な生態環境であり、森林、草原、河川、湖沼、湿地、海洋などの自然は人類の発展にとって何ものにも代えられない価値がある。自然の価値、自然資本の価値をしっかりと認識し、環境保護とはそれらの価値を高めるプロセスであり、生産力を保護し向上させることから、適切なリターンと経済的補償は当然だと理解すべきである。方法の面からいえば、帰属をはっきりさせ、権利と責任を明確にし、効果的に管理を行う自然資源資産財産権制度を構築し、自然資源の所有者がいない、所有権の境界が曖昧であるといった問題を解決する。経済の梃をさらに活用して環境対策や生態系の保護を実施し、体系的な環境汚染防止市場システムを確立し、市場メカニズムによる資源の最適化配置の効果を十分に発揮し、「資源性製品（水、エネルギー、鉱物、土地の四大製品を指す）」の価格を検討する。市場の需給関係と資源の不足状態を反映した、生態環境価値と世代間倫理（現在の世代は未来の世代の生存可能性に対して責任があるという考え）を体現する資源有償使用制度と生態補償制度を構築する。

グリーンの発展理念は、発展の過程で各主体が積極性を十分に発揮することを求めている。グリーン型発展において、各主体にはそれぞれ異なる役割があり、その積極性を十分に発揮させると同時に、主体の不在と越権行為を防がねばならない。一、グリーン型発展には飛躍的成長が必要なことから、その指導と監督管理の責任は政府が負い、適切に実施するため、グリーン型発展に対する評価システム、監督管理制度、考課方法、賞罰メカニズムを確立し、資源消費、環境損失、生態学的効率などの指標を経済社会の発展の評価システムに取り入れる。二、グリーンの発展理念は市場の外部不経済問題の解決を求めている。市場主体に積極性と自主規制力を持たせるため、市場の需給と資源不足の状況を反映した、生態環境価値と世代間倫理を体現する資源有償使用制度と生態補償制度を構築し、自然資源およびその関連製品が安すぎる、生産開発コストが社会コストを下回る、環境保護に適切なリターンがないといった問題を解決する。経済の梃をさらに活用して環境対策と生態系保護を実施する市場システムを構築し、市場主体と市場システムの発育の遅れ、社会の関心の低さなどの問題を解決する。三、グリーンの発展理念は全面的な発展を求めている。第十八期五中全会では、社会各界の団体および人民が参画し監視の役割を果たすことが定められた。これは、中国が国を挙げてグリーン型発展という新たな時代に入り、社会全体に生態文明を構築しようとしていることを示すものである。

四、主要分野における展開

第十三次五カ年計画では、グリーン型発展計画として初めて二〇二〇年の目標は生態系の環境質の総体的改善であることが明確に示された。中国のグリーン型発展戦略と実践は次の五つの分野に分けられる。

(一) 生態系空間の最適化配置

主体機能区戦略の推進を加速する。開発の最適化区、重点区、制限区、禁止区という主体機能区の配置を推進し、計画図と主体機能区リストを通じて発展モデルを調整し、各地区は位置づけされた区の分類と評価に基づき、それぞれ工業製品、農産物、生態系サービスなどを生産する。主体機能区計画を基礎とし、各タイプの空間計画を調整し、「多種の計画（主に国民経済と社会の発展計画、都市農村計画、土地利用計画、生態環境保護計画など）の統一化」を推進する。主体機能区戦略では空間のガバナンスと空間構造の最適化を主な内容として重視し、「全国統一、相互連関、等級別管理」の空間計画システムを構築する。また、計画を基礎とし、用途の規制を手段とする国土空間開発を着実に実行に移し、都市と農村、地域間の発展のバランスをとり、経済、政治、文化、社会、生態系の総合的発展の観点から、科学的かつ合理的な都市化配置、農業発展配置、生態系保全配置を策定する。同時に、海洋資源の開発と国の海洋権益の擁護も今後、生態文明の空間開発配置の中に組み入れていく。

（二）気候適応型社会の建設

低炭素循環型発展の核心目標は二酸化炭素の排出量を抑え、早期に排出量「絶対減少」段階へ進むことである。そのためには、国際社会と十分に連携し、エネルギー消費構造を積極的に調整し、非化石エネルギーの消費割合を増やし、エネルギー利用効率を引き上げ、承諾した温室効果ガスの排出削減目標を達成し、二酸化炭素吸収源を増加させ、積極的に気候変動に対応する必要がある。また、循環型経済を「イノベーション駆動型発展」「経済構造調整」戦略と密接に結びつけ、技術革新を重視し、新型のグリーン産業化を実現し、エネルギーの生産消費革命を推進し、経済を成長させ、資源利用モデルを根本的に転換させる。これには社会全体の資源循環システムの構築も含まれる。

（三）資源節約型社会の建設

資源の節約と高効率利用の核心目標は、エネルギー消費、水資源使用、建設用地利用における総量を抑制し、総量と効率の二重管理を実現することである。そのためには、石炭消費総量を厳しく制限しなければならない。二〇一四年の石炭消費量はすでに世界総量の五〇・六％を占めており、国内のエネルギー消費全体に占める割合は六六・六％にも上る。筆者たちはこれを二〇二〇年には六〇％以下に抑えるべきだと考えるが、それには二本の足で歩く必要がある。一本の足は石炭利用のクリーン化の道を歩む。石炭は環境に深刻な負荷を与えるエネルギーであり、グリーン化、クリーン化、電力化が必須である。もう一本の足は非化石エネルギー発展の道を歩む。第十二次五カ年計画、第十三次五カ年計画と続けて非化石エネルギーへの取り組みを強化し、二〇一四年、中国の水力発電量は世界総量の二七・四％を占め、再生可能エネルギーは世界の一六・七％、風力エネルギーは一二・四％、太陽エネルギーは一五・七％を占めるようになった。将来的には、中国は二十一世紀のグリーンエネルギー革命の指導者、イノベーター、推進者となるだろう。

水資源は中国にとって最も大切でありながら最も欠乏している資源要素である。現在、中国の水使用量は六二二〇億立方メートルで、そのうち農業用が六三％を占める。そのため、水使用量を効果的に抑えるための核心は農業用水を効果的に制限し、農産物と農業の付加価値化を農業用水から切り離して実現することである。一方、工業用の水使用量はすでにピークに達し、多少下降しつつある。ここからさらに進めて工業の付加価値化を工業用水から徹底的に切り離し、効果的な措置をとる。水資源の二大ユーザーである農業と工業の水使用量は第十三次五カ年計画期間、ピークに達した後やや減少に向かい、その分を他の用途、特に生態環境用水に回せるものと見込まれる。

二〇〇五年に第十一次五カ年計画で耕地レッドライン（全人口を養うのに必要な最低面積）が定められて以来、耕地の減少は止まったが、建設用地が大幅に増加した。しかも都市の人口成長にともなう増加ではなく、土地の都市化が人口のそれを上回るという新たな傾向が出現した。第十三次五カ年計画では、この傾向に対してレッドラインを設けて有効な対策を講じ、小都市の単位面積当たり建設用地の経済密度と人口密度の引き上げが定められた。

それに対する措置は次の通りである。①資源の節約と集約的利用、資源利用モデルの根本的な転換、全過程における省エネ管理の強化を通じて、エネルギー、水、土地の消費原単位を大幅に引き下げ、資源利用の効率と効果を引き上げる　②生産、流通、消費の産業チェーンの観点から減量化、再利用、資源化を促進し、資源消費とエネルギー消費の全過程において節約管理を強化し、エネルギー、水、土地の消費原単位を大幅に引き下げ、資源利用の効率と効果を高める　③省エネ産業、低炭素産業、新エネルギーと再生可能エネルギーの発展を支援し、国のエネルギー安全保障を実現する　④水源地の保護と水使用の総量管理を強化し、節水型社会を構築する　⑤耕地レッドラインを厳守し、土地用途規制を厳格に実施する　⑥鉱物資源の探査、保護、合理的開発を強化する。

（四）環境友好型社会の建設

汚染対策の核心目標は主要汚染物質の排出総量を大幅に削減することである。環境保護については、総量規制による汚染物質排出削減活動、汚染物質を減少する流量規制を引き続きしっかりと実施したうえで、生態系の環境質の総体的な改善を図る。特に国民の健康に影響を及ぼし、国民の利益に直接関わるような突出した環境問題を第一の矛盾ととらえ、重点流域の水質汚染対策、ＰＭ一〇、ＰＭ二・五を重点指標とする吸入性粉じん対策、土壌の重金属汚染対策をしっかり実施する。

第十三次五カ年計画では「大幅削減」を継続すると同時に、汚染物質排出削減範囲を拡大し、例えば全窒素、全リン、揮発性有機化合物（ＶＯＣ）などの排出量を拘束性指標とすることが定められた。同時に、環境質の大幅な向上が核心とされた。すでに政府は次の「三大戦役」に着手している。一、「大気汚染防止行動計画」、二、「水質汚染防止行動計画」の公布と実施、三、現在策定中の土壌汚染防止行動計画。三の目標としては、全国的に悪化している土壌汚染を二〇二〇年までに食い止め、土壌の環境質を全体的に安定させ、農業用地の土壌環境を効果的に保護し、建設用地の土壌環境の安全を基本的に保障することが挙げられている。

（五）自然生態系の保護と修復

生態系のセキュリティバリアの構築における核心目標は、全国の生態系の安定性を大幅に向上させ[9]、生態系のセキュリティバリアを基本的に構築することである。これには重大な生態系の修復プロジェクトの実施、生態系サービスの生産力の増強、砂漠化および石漠化（地上表面の土壌が流出して、下の岩石が表面に現れる現象）や土壌流出の総合対策の推進が含まれる。また、水利建設の力を拡充し、森林率二三％以上、草原の総合的な植被率五六％を達成し、湿地面積を八億ムー（一ムーは約六六六・七平方メートル）以上、自然ウォーターフロント（海岸、河岸、湖岸）保有率を三五％以上とし、砂漠化防止が間に合う五〇％以上の土地に対策を施し、生物多様性の損失速度を基本的に抑制する。

五、まとめ

「生態系が繁栄すれば文明も繁栄し、生態系が衰退すれば文明も衰退する」(10)。グリーンの発展理念はこの歴史法則への深い認識のうえに立った全く新しい発展観である。グリーン型発展は思想および認識、理念の枠組み、政策支援、メカニズム構築などの分野における発展の全面的な転換を意味する。未来の発展指導綱領であるグリーン型発展は、中国の政治的、文化的、社会的生態の独自性が互いに協調して自然生態システムに作用を及ぼし、中国が独自の生態文明の道を構築しつつあることを示している。

グリーン型発展は中国の世界環境に対する最大の貢献である。党による「生態文明宣言」の哲学的根源は「天人合一」の哲学観である。それは「中国の伝統文化思想の帰着点」であり、「人類の未来の生存に対する中国文化の世界的な貢献」でもある。同時に、党員は長期にわたる発展の実践と経験を総括し教訓を得る中で、エンゲルスによるマルクス主義の自然弁証法と欧米諸国の持続可能な発展の理論を取り入れ、「包容、調和、統一」の科学的発展観を確立し、経済、政治、文化、社会、生態系の「五位一体」の中国の特色ある社会主義建設を計画し、グリーンの発展理念を五位一体の全面的な戦略計画の中に組み込んだ。

この系統化、総合化、理論化された、実践への応用可能なグリーンの発展理論は、中国の世界環境に対する最大の貢献であり、自国文化への自信と自覚、中華民族と中華文明の偉大な復興の実現を具体的に表すものである。生態文明の理念を広めることは、中国が率先してグリーン・イノベーション国、生態学的黒字国、省エネ・汚染物質排出削減国となり、世界の五分の一の人口を率いて新型の工業化とグリーン近代化を実現することを意味している。

(1) 銭穆「中国文化対人類未来可有的貢献(人類の未来のため中国文化が貢献できること)」『新亜月刊』一九九〇年(一二)
(2) マルクス、エンゲルス『馬克思恩格斯全集(マルクス、エンゲルス全集)』第四十二巻、一二八頁、北京、人民出版社、一九七二年
(3) マルクス『一八四四年経済学哲学手稿』中国語版、人民出版社、二〇〇〇年参照
(4) マルクス、エンゲルス『馬克思恩格斯全集(マルクス、エンゲルス全集)』第二十巻、五一九頁、北京、人民出版社、一九七二年
(5) エンゲルス「自然弁証法」『馬克思恩格斯選集(マルクス、エンゲルス選集)』第四巻、三八三~三八四頁、北京、人民出版社、一九九五年参照
(6) 江沢民「正確処理社会主義現代化建設中的若干重大関係(社会主義『現代化』建設における若干の重大関係を正しく処理せよ)」『江沢民選集』第一巻、四六四頁、北京、人民出版社、二〇〇六年
(7)「対饒宗頤的専訪：不僅天人合一、更要天人互益(饒宗頤氏へのインタビュー：天人合一だけでなく天人互益も必要である)」南方日報、二〇〇九年十一月十八日掲載
(8) 二〇一三年九月七日、習近平同志がハザクスタンのナザルバエフ大学にて講演を行い、「二つの山」論を述べた。「われわれは緑水青山(豊かな自然)も必要だが、金山銀山も必要である。たとえ金山銀山を不要としても、緑水青山は絶対に必要である。なぜなら、緑水青山こそ金山銀山だからである」。「二つの山」論は、第一段階で緑水青山を金山銀山に換え、第二段階で金山銀山も緑水青山も必要であるとし、第三段階で緑水青山こそが金山銀山だと説明している。新華社二〇一三年九月七日アスタナ発
(9)「生態文明建設の推進加速に関する党中央と国務院の意見」二〇一五年四月二十五日

(10) 習近平「生態興則文明興——推進生態建設打造『緑色浙江』(生態系が繁栄すれば文明も繁栄する——生態文明の建設を推進し『グリーン浙江省』を構築せよ)」『求是』二〇〇三年第十三期

第四章　開放の発展理念

対外開放はわが国にとって歴史上未体験のことであり、中国共産党はこのためにたゆまぬ模索の道を歩んできた。対外開放は党中央が中国独自の社会主義制度を整備し、また発展させるための重要な手段である。[1] 事実、対外開放はわが国に制度上の強みと経済的な利益を大いにもたらした。

第十八回党大会では、二〇二〇年までにＧＤＰと全国民一人あたりの収入を二倍に、中国共産党結党百周年（二〇二一年）までに小康社会を完全実現、新中国建国百周年（二〇四九年）までに富強・民主・文明・調和をそなえた社会主義現代国家を実現、とする高い目標が定められた。[2] この目標を達成するためには「改革開放の道に終わりはなく、ただ前進あるのみ[3]」の精神で、対外開放をさらにアップグレードし新しい利益を創造していくことが必須である。第十八期五中全会ではさらに踏み込み、「わが国の経済を世界経済の流れに融合させ、互恵ウィンウィンの開放戦略を進めるとともに、さらにグレードの高い開放型経済を目指す。また、世界的な経済ガバナンスや公共財の供給に積極的に参加することで世界経済におけるわが国の発言権を制度的に向上させ、大きな利益共同体を築く[4]」とした。

新しい情勢のもと新しい任務の遂行のためには配慮ある統括を行いながら、過去を未来に生かし、

「百尺竿頭《かんとう》に一歩を進む」の精神で開放型発展のための努力を続けなければならない。「ウィンウィン主義」という核心理念のもと、ウィンウィンの平和的発展のため、戦略的チャンスを最大限に生かし、中国市場と世界市場の一体化を進めながら現在の開放型経済体制を基礎にそれをさらに開放的、全面的、互恵的なものとする。そして今後十年もしくはそれ以上の戦略的構想を立て、対外開放をアップグレードするとともに新たな利益を生み出す。

「ウィンウィンの発展」とは互恵的開放による発展であり、これはわが国の科学的発展が外交上に表れたものである。互恵ウィンウィンとは平和的(5)、開放的(6)、協力的(7)、互恵的発展である。平和五原則に従いながらあらゆる国との間で友好協力、協調的姿勢、相互信頼、対話交渉、共通認識拡大の関係を築いていく。公平な互恵関係という原則のもと、あらゆる国とビジネスの関係を深め、後進国に対しては利益を得るためにまず利益を与え、自らが得る利益よりも多くの利益を与えるという姿勢をとる(8)。特に後発開発途上国に対してはこの姿勢を徹底する。利益や発展において、中国もその他の国々もすでに一つの運命共同体であり、ともに平和でグリーンな世界を築かねばならない。

一、思想のよりどころ

わが国の指導者が国の発展において平和的なウィンウィン主義路線を守ろうとする背景には中国の数千年に及ぶ歴史がある。指導者はそのエッセンスを集大成しつつ、現代的革新性を兼備するものである。

開放の発展理念には以下二つの思想のよりどころがある。

まずは、思想のルーツとしての中国伝統思想である。歴史的に見てわが国の文化は独自の継続性、包容性、開放性を有し、古より「和をもって貴しとなす」文化的伝統、文化的DNAがある。わが国が主張するのは「覇権主義」ではなく「王道」である。これはなぜか。習近平主席はその歴史的ルーツを次のように説明する。中華民族は五千年を超える歴史の中で一貫して平和、友好、調和の理念を追求し受け継いできた。和をもって貴しとなす、人とともに善をなす、おのれの欲せざるものは人に施さず等の理念は代々受け継がれ、中国人の精神に深く根ざすとともに、その行動にも表れている。先人はすでに「国大なりといえども、戦いを好めば必ず亡びん」と考えていた。

古より中華民族は海外との交流や交易に積極的ではあったが、領土拡大のため他国に侵出することはなく、防衛的な愛国主義に徹するのみで植民地主義に走ることはなかった。二千百年以上前、東西の対等な文化交流のため中国人が切り開いたシルクロードに記されたのは互恵と協力の足跡であり、シルクロード沿いの各国の人々が得た利益も大きなものであった。また明の時代、当時世界で最も強大な船団を引き連れ太平洋と西インド洋を七度航海した鄭和は、三十以上もの国と地域を訪れる中で占領行為をしたことは一度もなかった。その航路には平和友好の種がまかれ、交流や文化の伝播といった美談が残されている(9)。

次に、この開放の思想が新中国の歴代指導者が唱えた平和的発展思想の集大成であることについて述べたい。毛沢東同志の時代にはすでに、歩むべき道は「王道」であり「覇権主義」の道ではないとの主張がなされていた。これは平和五原則の順守(10)と、植民地主義、帝国主義、覇権主義への反対により、国際的平和的発展のための環境を十数年継続させ、社会主義の「現代化」を図ろうとするものである。[11]また、一九七四年四月十日、鄧小平同志は国際連合（国連）特別総会で、社会主義国および第三世界の国々を代表して中国は覇権に立ち向かい王道を主張すると表明した。

改革開放初期、鄧小平同志はその後二十三年間（一九七七—二〇〇〇年）の国際平和と「四つの現代化」実現のため努力すべきとし、また後に、七〇年間（一九八〇—二〇五〇年）の国際平和と中国の「三段階」現代化戦略のため努力すべきことを唱えた。鄧小平同志はさらに平和的発展は今日の世界的課題であると述べ、覇権主義反対の立場をより明らかにした。現在世界で起こっている戦争の原因は覇権主義であるとする鄧小平同志の考えは、[12]事実当を得ている。

二十一世紀に入り、党中央が提唱した平和的発展の道は人類が歩む全く新しい進歩の道である。わが国の「現代化」において必ず通らなければならない道であり、「平和、開放、協力、調和、ウィンウィン」をわが国の主張、理念、原則、理想とする。[13]のちにまた、わが国は世界の諸大国に先駆けて互恵ウィンウィンの開放戦略の実施を明確に打ち出したが、[14]これは人類史上例を見ない宣言であった。

第十八回党大会後、習近平同志が総書記となった党中央はこれまでの指導者の路線を引き継ぎ、平和的発展と互恵ウィンウィンを原則とする積極的な海外進出を唱え、各国の政府要人およびその他の友人とともに外交の理論と実践のイノベーションを進め、[15]相次いで「中国の夢」「アジアの夢」[16]「アジア太平洋の夢」[17]「世界の夢」を提唱した。正しい「義利観」（習近平主席が提唱する外交原則。政治的には正義、道義を堅持し、経済的にはウィンウィンの原則を厳守するという観点）に基づいた外交の徹底により中米間で新たな大国関係を築き、また周辺外交においては「親・誠・恵・容」の精神に基づき、[18]「シルクロード経済ベルト」および「二十一世紀の海上のシルクロード」を作り上げた。今後もわが国は協力と互恵ウィンウィンを核心とする新しい国際関係を築き[19]、世界中にパートナーシップのネットワークを広げ[20]、平和的発展の道を踏み外すことなく、調和的世界（すなわち大同世界）の提唱者、実践者、先駆者となっていくだろう。

二、これまでの実践

「歴史を鑑《かがみ》とし、歴代王朝の栄枯盛衰を知る」。中国の輸出額の世界に占める割合を見ると、一八七〇年は二・四九％、一九五〇年は一・六九％に減少し、一九七三年はさらに減少して〇・六五％と史上最低になり、その後、ようやく上向き始め、一九九二年は八・二四％、二〇一四年には一二・三七％と米国を抜き世界最大の貿易国となった。これより百年前（一九一三年）に米国が英国に取って代わったことを考えると、中国は今後の数十年ないしは百年の長きにわたって世界最大貿易国の地位を維持するものと見込まれる。中国が世界経済の舞台の中央に踊り出たことは、われわれが史上かつてない戦略的好機の時期に遭遇していることを意味している。

われわれはこの明らかな歴史の法則性と最大の歴史的好機を十分認識しなければならない。過去の歴史を振り返ると、これは建国後、毛沢東同志が対外開放の戦略的好機の窓を開けてから、一九七八年に鄧小平同志が対外開放を決断し、江沢民同志が世界貿易機関（ＷＴＯ）への加盟を決め、胡錦涛同志が引き続き対外開放政策を取ったことへの最大のボーナスである。そして、習近平主席による互恵ウィンウィンの開放型発展は、中国が三十年余りで世界経済へ未曽有の融合を果たした必然の結果であり、これまでに蓄積されたものの質的変化である。

毛沢東同志は対外開放の戦略的好機の窓を開けた。一九四九年に建国してから、中国は米国主導の西側諸国による長期封鎖網ならびにソビエト連邦との関係悪化の影響を受け、世界経済と世界市場から基本的に遮断されていた。その後、一九六〇年代末から一九七〇年代半ばにかけて国際情勢に新たな変化が現れ、毛沢東同志は陳毅元帥らの提言に基づき[21]、国家利益を考慮し、時機を判断し、情勢を推し量り、イデオロギーを超えて、中米ソの「大きなトライアングル」の構築を推進し、国際戦略上のパワーの均衡とけん制をはかった。これにより、国際情勢の緊張が緩和し、外交の新たな局面が切り開かれ[22]、中国は第二十六回国連総会で正式にすべての合法的な権利を回復し、安全保障理事会常任理事国となった。国連への加盟は、中国が西側諸国や日本との外交関係の樹立または回復を進めるうえで相対的に有利な環境を創出し、西側諸国の先進的な技術の導入、世界市場および世界経済とのリンクを実現する重要な機会を得ることになった。一九七〇年代、米国や日本との貿易が急速に伸び、一九七一年にはわずか四百九十万ドルだった中米貿易が一九七四年には九億三千万ドルとなり、米国は中国の第二の貿易相手国となった。また、一九七二年に十一億ドルだった中日貿易は一九七五年には三十七億八千万ドルとなり、日本は中国にとって第一の貿易相手国となった。一方、外交においても重大な変化が生じた。一九六九年末、新中国と正式に外交関係を樹立していた国は四十四カ国であったが、一九七二年末には八十八カ国となり、三年間で倍増した[23]。一九七〇年代初頭、毛沢東同志は中米関係に戦略的措置を講じ、一九七〇年代末の鄧小平同志による対外開放のために有利な前提条件を獲得し、戦略的好機の窓を開いた。この基礎の上に、鄧小平同志はその後の中国にとって大きな一歩となる対外開放へ舵を切ったのである。

鄧小平時代は中国経済が大きく成長した時代であり、中国が真の意味で対外開放した時代である。対外開放は根本的に中国を変え、大きな影響を世界に与えた。中国の改革開放が成功した大きな要因は、鄧小平同志が毛沢東時代の政治的遺産を正しく認識し、その中から改革開放のための豊かな栄養をくみ取ったことにある。鄧小平同志は国内外の情勢を見渡し、平和と発展の時代と定義づけ、世界的な命題である改革開放を打ち出し、中国という巨艦を世界の大潮流に向けて出航させ、中国を「現代へ、世界へ、未来へ」[24]と向かわせた。まさにこの鄧小平同志の改革開放により、中国は国内の社会的生産力が解き放たれ、経済成長、貧困減少、社会進歩を実現し、飛躍的な発展を遂げたのである。

二十一世紀に入り、中国はＷＴＯへ加盟し、対外開放が全面的に開放、参画、協力、向上する新たな段階へと突入した[25]。ＷＴＯ加盟は中国の成功、世界の成功となり、中国は発展をけん引する世界最大のエンジンとなった。ＷＴＯ加盟を決定した当初、党中央の判断は「（ＷＴＯ加盟は）中国にチャンスと挑戦をもたらすが、全体的にみて利が害を上回り、最大限に利を得て害を除いていく」[26]というものであり、加盟の準備段階から、中国は一貫して主導性、策略性、原則性の三方面をともに考慮した。これにより、中国は世界金融危機を含むさまざまな外部からの衝撃にも成功裏に対応できたのであり、中国の発展の道は歩むほどに安定し広がっていった。

経済のグローバル化が深まるにつれて、対外開放はますます重要かつ困難な長期的課題になると予測される。中国は絶えず過去の経験を総括し、それを参考とし、主導性、策略性、原則性をさらに徹底させていかねばならない。

それにはまず、「主体的に先を見越して動き、少しずつ前進する」という戦略的な事前配置を整え、積極的に「緩衝期間」を設ける。例えば一九八〇年代初頭、中国の関税率の高さは世界でトップクラスだったが、一九九〇年代から中国は関税率を自ら大幅に引き下げるようになった。そして政府は第十次五カ年計画で「WTOへ加盟し国際競争力を高めるための重点特定項目計画」を定め、産業の国際経済競争力を全面的に引き上げることにした。これらの準備は経済のグローバル化がもたらす外部競争に中国が成功裏に対応できたことの鍵となる歩みであった。

次に、「自身を主体とし、外から内を促す」という経済改革の戦術をとり、開放する中で内力を鍛える。党中央はかつて外資の導入と利用を通じて、資産の質を効率よく高めることのできる人材や技術、管理など多くの創造性資源を生み出し、国内企業にモデルを提示し、同時に競争のプレッシャーを与え、中国の特色ある市場経済システムを構築し、各所有制企業がともに発展するための条件を創出し、経済の多元的な発展を促進した。その結果、明らかなことだが、障壁を排除し対外開放を進めた産業（繊維、家電など）は産業の潜在力が全面的に解き放たれ、生産力と市場シェアが著しく伸びた。これは党中央が「川底の石を探りながら川を渡る」ようにして出した方法論であり、将来も引き続き開放を通じて改革と発展を促進していくべきである。

三つ目に、「平和的発展、互恵ウィンウィン」の協力を堅持し、開放型経済の発展に有利な国際環境を創出する。WTO加盟以降、中国は貿易黒字を特に追い求めるようなことはせず、WTO加盟時の受諾書の内容を厳格に順守し、大幅に輸入関税を引き下げ、自発的に非関税障壁を撤廃した。また、技術標準システムの国際化、知的財産権の保護、サービス貿易の開放などで飛躍的発展を遂げ、世界に向けて二兆ドル規模の世界第二の輸入市場を用意し、世界各国の産業発展と雇用創出に直接のスピルオーバー効果を与え、国内の発展に対しても安定した国際環境を創出した。中国の指導者が対外的に表明している「和して同ぜず」「おのれの欲せざるところ人に施すなかれ」などの外交方針は大きな親和力と魅力がある。中国は今後も引き続き「和合」思想、平和的発展、互恵ウィンウィンといった中華文化のエッセンスをイノベーションし、グローバル経済に積極的に融合し、グローバル・ガバナンスに積極的に参画し、世界のためにさらに大きな貢献をしていくべきである。

対外開放は中国が発展した要因であり、開放型経済の全面的なアップグレードは対外開放の成果である。そして、ウィンウィンの協力は中国が世界という舞台の中央に踊り出るための必然の選択である。新たな情勢と課題のもと、中国は全般的に物事を考慮し、先人の後を引き継いで未来の道を切り開き、対外開放において「百尺竿頭に一歩を進む」の精神で努力を続けていく。また、改革開放三十年余りの経験を総括して生かし、戦略的好機の時期をしっかりと把握し、その延長に努め、以後十年間さらにはもっと長い期間のために新たな戦略的配置を計画する。そして、将来の国際戦略上の位置づけを検討する際、ならびに国際政治および経済の不安定性に対応する際は、「国内と国外の二つの大局の統括」をうまく行い、世界の発展情勢と勢力構造をしっかりと把握し、中国のグローバルな役割、働き、地位を正しく認識し、全局を長期的に見通し、世界とともに（中国の）発展の好機をわかち合い、（世界の）発展へ向けての挑戦にともに応じていく。

中国が世界最大の貿易国となったことは画期的であり、大きな歴史的、世界的意義がある。これは新たな百年のウィンウィン時代の幕開けであり、国際貿易および投資が互恵ウィンウィンの時代に入ったことを意味している。

三、開放の発展理念が求めるもの

開放の発展理念の本質は国内と国外の二つの大局を統一して計画することであり、「重点は国内と国外の連動の過程で生じる課題を解決することである」[27]。開放の発展理念の核心は「ウィンウィンの発展」であり、その内容は平和[28]、開放[29]、協力[30]、互恵である。平和五原則を基礎として、あらゆる国と友好的に協力し、小異を残して大同につき、互いに対等で信頼し合い、対話により協議し、コンセンサスを拡大し、平等互恵の基礎のうえに世界各国と経済貿易関係を発展させていく。開発途上国に対しては、先に与えて後に取り、多く与えて少なく取る。特に後発開発途上国に対しては、それをより一層実行する[31]。中国と世界各国はすでに利益、運命、発展の共同体であり、中国は「平和、調和、グリーン」の世界を各国とともにつくり上げていきたいと考えている。

中国は大国の中で唯一はっきりと互恵ウィンウィンの対外開放戦略を打ち出した国である。この戦略は全面的な協力による対外開放戦略であり、自国の利益に合致し、他国との共同発展を促進する。中国はそれを各国との経済貿易関係の基本原則とし、世界貿易の持続的な発展に貢献していく[32]。また、中国は開発途上国だけでなく先進国とも協力し、大国だけでなく小国とも協力する。「南南協力」（開発における途上国間の協力）だけでなく、「南北協力」（途上国と先進国の協力）も推進し、経済貿易と技術協力だけでなく、安全保障と非伝統的安全保障（気候変動、テロ、貧困、金融危機など非軍事的脅威に対する安全保障）協力も推進する。そうして、経済のグローバル化を積極的に推し進め、開発途上国と各国の共同繁栄に有利な方向へ舵をとっていく。

筆者たちの認識では、「ウィンウィンの発展」の基本的な意図は、戦略的好機を創出し、その期間を延長し、時期を見極め、平和的発展と互恵ウィンウィン戦略を継続することにある。具体的には、一、冷戦型思考を捨て、新たな冷戦を回避する。二、イデオロギーによる冷戦を避け、政府間の対立を回避する。但し、学術界の研究や民間の自由は妨げない。三、米国の主導権に挑戦せず、重大な原則的問題でなければ、国連安全保障理事会で常任理事国の拒否権を発動しない。中国は今後も引き続き「互恵ウィンウィン、多元的均衡、安全で高効率」な開放原則に従い、市場を導き手とし、中国の特色ある社会主義市場経済メカニズムをさらに整備し、より一層中国と世界の発展に有利な開放ボーナスを創出していく。

その主要な構想は次の通りである。一、関税水準を自発的に引き下げ、輸入を拡大し、世界とシェアする中国市場を構築する。二、後発開発途上国と低所得国に対して「先に与えて後に取る」「多く与えて少なく取る」を実行し、場合によっては「与えるだけで取らない」ことも実行する。ゼロ関税の優遇措置を実施し、貿易促進のための支援を拡大し、人材の育成に協力し、開発途上国が「中国効果」を得られるようにする。三、国内のサービス業市場をさらに開放し、サービス業のアップグレードをはかり、世界的なサービス貿易強国となって世界各国に「中国のサービス」を提供する。四、「進出」戦略を加速し、世界に通じる多国籍企業を育成し、業界をリードするようなイノベーション型企業が現地で社会的責任を負い、人々に富をもたらすことを通じて、世界中に「中国のイメージ」を作り上げる。五、グリーン型発展を積極的に推進し、汚染物質排出削減の約束に主体的に取り組み、農業の精密化を大々的に推進し、食糧の供給を保障する。国際社会において、引き続き開発途上国を代表して利益を勝ち取り、世界に「中国の保障」を提供する。

全面的な開放を続ける中国は今後も多くの分野で二十一世紀の世界の発展と人類の進歩のためにますます多くの貢献をしていくだろう。その貢献には、経済、貿易、対外投資（特にインフラ投資）、貧困人口の減少、雇用の創出、発明特許に対する貢献が含まれる。さらに長期的にみれば、中国は人類のために多くの科学的発明、基礎研究、技術革新の重大な貢献をし、人類の文明と文化の多様性のために特大の独特な「中国の貢献」をしていくだろう。その意味からいえば、世界は「覇権主義の時代」に決別しただけでなく、さらに「ウィンウィン主義の時代」に入ろうとしている。

四、主要分野における展開

第十三次五カ年計画の期間、中国は国内の経済成長が「新常態」に入る客観的な現実に順応すると同時に、時代の流れに順応し、戦略的な高みから国内外の二つの大局を統括し、対外開放とグローバル・ガバナンスへの参画という国家戦略を制定し、対外開放を「全面的な開放、参加、協力、アップグレード」という新たな段階へ進ませた。そして今、国際ガバナンスのシステムを構築し、「責任感のある、魅力的な、成熟した」超大国のイメージを作り上げようとしている。そのための開放型発展の基本構想は以下の通りである。

（一）グローバルな発展と安全保障の国家戦略を策定する

中国の発展戦略が世界的な発展戦略となるには、以下のことが必要である。経済発展モデルの転換をさらに積極的に実現し、従来の国内資源を配置する方式から国内と国外の二種類の資源を同時に配置する方式へ転換し、主に国内市場を開発利用する方式から国内と国外の二つの市場を同時に開発利用する方式へ転換する。「進出」の力を拡大し、総合国力と国際影響力を生かし、世界中で中国の発展空間を積極的に開拓し、絶えず発展潜在力を高め、国際競争力を増強する。グローバル経済および政治の事務に自発的に参画し、「中国の提案」「中国の計画」をさらに積極的に発表し、それらが「世界の計画」の一部となるようにする。WTO加盟国の中で最多の貿易額を誇る国として、貿易と投資の自由化、手続きの簡素化を積極的に推進し、WTOの目標実現をサポートする。貨物およびサービス貿易、貿易関連投資、知的財産権などの内容を含む、活力と持久力のある整備された多角的貿易体制を構築する。この多角的貿易体制には関税および貿易に関する一般協定（GATT）の貿易自由化の成果とウルグアイ・ラウンドの多角的貿易交渉で得たすべての成果を反映させることができる。

（二）全面的に対外開放を実施する

多国間貿易と自由貿易区の発展をさらに推進し、対外開放レベルを引き上げる。対外開放を堅持し、開放度を絶えず向上させる。「誘致」と「進出」を結びつけ、より一層「進出」を重視する。内陸部の国境地帯の開放を拡大し、開放の階層と次元を引き上げる。大局を把握し、協力を主流とする。関税および非関税貿易のハードルを率先して自発的に引き下げ、世界各国のために巨大な「中国市場」をさらに開放する。自由貿易区戦略を加速し、貿易と投資の自由化、手続きの簡素化を率先して推進し、自由貿易区の発展を模索する。積極的に新ラウンドのグローバル化と自由貿易のリーダーとなる。サービス業を大々的に開放して発展させ、サービス貿易強国となる。引き続き人民元国際化戦略を実施する。「主体的、漸進的、コントロール可能」の原則に基づき、人民元と他国通貨の二国間スワップの規模を拡大し、オフショア人民元ローンを発展させ、人民元のオフショア市場を構築し、世界銀行、国際通貨基金（ＩＭＦ）、アジア開発銀行など国際金融機関との協力を大々的に展開し、ＩＭＦの特別引出権（ＳＤＲ）改革に積極的に参画し、人民元の国際決済の規模、他国の人民元を準備通貨とする規模を高める。

（三）「一帯一路」建設を推進する

全面的な「進出」戦略の実施を加速する。「一帯一路」建設を通じて、全面的に開放された、ウィンウィン型発展の新たな国際協力モデルを構築する。具体的には、すべての国に開放し、沿線国でも域外国でも建設を通じて自国と地域経済の発展のために貢献できるようにする。沿線国との連携、特にインフラ建設に関する連携を促進し、アフロ・ユーラシア大陸間が真の意味でつながるようにし、貨物貿易、サービス貿易、直接投資の成長を促進する。沿線諸国の連結性パートナーシップを強化し、全方位的な、多層からなる、複合型の連結ネットワークを構築する。対外投資を促進するシステムを健全化し、中国企業がアジアをはじめ全世界に投資することを奨励しサポートする。「一帯一路」建設では、貿易も投資もすべて互恵ウィンウィンの原則に基づき、相手国または地域の大小、人口の多寡、貧富の程度、文化の違いを問わず、等しく互恵ウィンウィンの協力を行い、利益の一致点と協力の最大公約数をともに追及する。これは従来のゼロサムゲーム方式とは異なる、互恵を奨励する新たなモデルである。

（四）途上国との互恵ウィンウィンの協力を拡大する

途上国のために「中国市場」を提供する。後発開発途上国の対中輸出拡大を積極的に推進し、中国と国交のあるすべての後発開発途上国の対中輸出製品九五％に対してゼロ関税の優遇措置をとり、(33)

する。

同措置を低所得国、低中所得国、中所得国にまで拡大し、途上国にとって中国を最大の輸出市場とする。

「中国発展援助計画」を実施し、国際発展援助署を設置し、中国政府（公式）グローバル対外援助中長期計画を策定する。国際開発援助の対GDP比を三段階に分けて引き上げる。第一段階は〇・三％引き上げ、第二段階は〇・五％、第三段階は一・〇％以上とし、世界最大の開発援助国となることを目指す。その目的は途上国を支援し、発展の力を向上させ、被援助国の発展と転換を推進することである。これには人的資源の開発、貧困人口の減少、農業と農村の発展、インフラ建設、エネルギーと電力、環境保護と生態系の修復などが含まれる。周辺国のインフラ連携建設と途上国のインフラ建設のために海外融資を行い、世界銀行、アジア開発銀行、アフリカ開発銀行と積極的に協力し、グローバル・ネットワークと地域ネットワークの大型インフラ建設に共同参画する。

（五）経済成長と気候変動対策の「ウィンウィン」目標を実現する

中長期的に見て、中国の気候変動に対する基本構想は以下の通りである。①国内と国外の二つの大局を統一的に計画し、経済モデルの転換ならびに経済のアップグレードを排出抑制管理と結びつけ、生態環境と経済のウィンウィンを実現する　②気候変動に対する適応力を高め、気候適応型社会を建設する。具体的には、国際的な場で連帯責任を唱え、主導的にさらに大きな貢献をし、温室効果ガスの排出削減において道義的に高位に立つ。省エネを通じてエネルギー効率を高め、根本的に温室効果ガスの排出を抑制する。経済成長速度、産業構造、エネルギー構造の調整、省エネ、エネルギー効率の向上、森林吸収源の増加など多くの手段を総合的に運用してエネルギー消費原単位と二酸化炭素排出原単位を大幅に引き下げ、温室効果ガスの排出を効果的に抑制する。気候変動とそれのもたらす災害への対応力を増強する。人を基本として科学を尊重し、人民の命の安全を根本として防災の力を強化し、自然災害に対する経済社会の脆弱性を補強する。同時に「グリーン産業革命」を大いに発展させ、挑戦を好機へ、「発展の加速」を「科学的発展」へ、「ブラックな発展」を「グリーンな発展」へ、「高炭素成長」を「低炭素成長」へと転換する。体制をイノベーションし、グリーン改革を実施する。省エネと排出削減の目標責任制度の評価を強化し、エネルギー消費総量を効果的に抑制し、グリーン型発展を経済活動の各ポイントで徹底する。「連帯責任、さらなる貢献」を指針とし、国際交渉に積極的に参加する。経済成長の段階をよく考慮したうえで、国際的なCO_2排出削減の責任を果敢に負い、気候変動に取り組む公平で合理的な国際制度の策定を推進する。気候変動分野の国際交流や戦略的対話を強化し、科学研究、技術研究、キャパシティ・ビルディング（能力強化）などの分野において実務協力を行い、技術設備のモデルチェンジやアップグレードを推進し、資金および技術移転に関する国際協力のプラットフォームと管理制度を構築する。途上国の気候変動への適応を積極的に支援し、地域間協力を促進する。

（六）グローバル・ガバナンスに参画する力を全面的に向上させる

グローバル・ガバナンスの力を強化することは、中国がグローバル経済とグローバル・ガバナンスへ参画するうえで客観的な要求であり、国際的な発展空間の開拓、発展の潜在力の向上、国家競争力の増強のために必要なことである。また、それは中国の総合国力および国際影響力の向上を示す重要なメルクマールとなるものでもある。具体的には、経済グローバル化、経済一体化、貿易自由化、投資自由化を積極的にリードし、バランスのとれた包括的でウィンウィンの多角的貿易体制を構築し、さまざまな形式の保護主義に反対し、国際経済秩序がさらに公正で合理的な方向へ向かうよう促す。地域協力のプロセスを主導的に推進し、新興市場国および開発途上国との実務協力を深める。途上国への経済援助を増加し、世界的大国、高所得国、新興経済国が開発援助の対GDP比を引き上げるよう積極的に働きかけ、国際援助計画を拡充し、国連をはじめとする国際機関の「持続可能な開発のための二〇三〇アジェンダ」の実現に積極的に参画する。自由貿易区戦略の実施加速を通じて、周辺諸国をはじめ世界に向けた高レベルの自由貿易区ネットワークを構築する。中国と東南アジア諸国連合（ASEAN）の自由貿易区のアップグレード版を早期に作成し、中韓、中豪の自由貿易協定（FTA）を実行に移し、中日韓、東アジア地域包括的経済連携（RCEP）などFTA交渉を推進し、アジア太平洋経済一体化のプロセスを推進する。先進国との貿易関係を改善して安定させ、新興五カ国（BRICS）、途上国、新興市場経済国に対する貿易規模を積極的に拡大し、貿易パートナーの多元化を図る。

五、まとめ

五百年余りの世界の歴史を振り返ってみると、国家間の関係は日ごとに深まり、未曽有のグローバル化が出現し、大規模な変化、発展、進歩を遂げた。しかし、その間、われわれは相次いで植民地主義（Colonialism）[34]、帝国主義（Imperialism）[35]、覇権主義（Hegemonism）[36]の時代を経験した。二十一世紀に入ってから、中国は世界第一の貿易国、第二の経済国となり、「ウィンウィン主義」（Win-winism）の旗を掲げる旗手となり、時代を切り開いた。「ウィンウィン主義」の本質はフェアであり、アンフェアではない。提唱するのは受容、調和であり、排他、対立ではない。これはゼロサムゲームではなく非ゼロサムゲームである。それゆえ、反復性、持続可能性、永続性を有するのである。

総じて、中国は一貫して開放の発展理念に従い、グローバルな自由貿易システムを擁護し、開放型世界経済の構築をリードしてきた。平和主義、協力主義、ウィンウィン主義の錦の旗を掲げてこそ、「名義が正しければ筋道も通る」「筋道が通れば事は成る」のであり、ハードパワーだけでなくソフトパワーも、金（資本）だけでなく思想も、ビジョンだけでなくアジェンダも持つことができるのである。

全面的な開放とイノベーションを続ける中国は、今後多くの分野で、二十一世紀における世界の発展と人類の進歩のためにますます多くの貢献をしていくだろう。この貢献には、経済、貿易、対外投資（特にインフラ投資）、貧困人口の減少、雇用の創出、発明特許に対する貢献が含まれる。さらに長期的な視点からみれば、中国は世界的な基礎研究、科学的発明、知識および技術のイノベーションの分野でさらに貢献し、人類の文化と文明の多様性のために重大で独自の「中国の貢献」をしていくことだろう。

（1）　胡錦涛「中国独自の社会主義の道を進み、小康社会建設のために努力する——第十八回党大会上での報告」二〇一二年十一月八日

（2）　胡錦涛「中国独自の社会主義の道を進み、小康社会建設のために努力する——第十八回党大会上での報告」二〇一二年十一月八日

（3）「党中央政治局が改革開放の継続をテーマに行なった第二次集団学習上での習近平総書記の演説」『人民日報』二〇一三年一月二日

（4）「第十八期五中全会コミュニケ」二〇一五年十月二十九日、第十八期五中全会にて採択。

（5）平和的発展。平和を愛する中華民族は、近代以降、戦乱や貧困といった災禍を経験する中で平和と発展の大切さを痛感し、安定した生活のためには平和と発展が必要であり、そのためには安定した国際環境を築くことが対外的に重要であると認識した。同時にわが国は、世界の平和と発展のため進んで貢献するものとし、侵略、領土拡張、覇権主義は完全に放棄し常に平和のため努力する。国務院新聞弁公室「『中国的和平発展』白皮書（『中国平和発展』白書）」二〇一一年九月六日

（6）開放的発展。わが国はみずからの経験により発展には対外開放が必須と認識している。改革開放を基本方針の一つとしながら、国内改革と対外開放の調和、国の独立性とグローバル経済の調和、わが国の優れた伝統の継承と他国の文化の学習の調和、国内・国外の市場とリソースの調和を図る。他国に対し今後更に開放的な姿勢で臨み、各国との交流と協力をより盛んにし、内外連動型の互恵的、効率的な開放型経済システムを整える。国務院新聞弁公室「『中国的和平発展』白皮書（『中国平和発展』白書）」二〇一一年九月六日

（7）協力的発展。世界各国の相互依存度が日々増している現在、各国がともに発展し、人々がその成果を共有することができてこそ、世界の平和は保障され、それぞれの国の発展は維持される。よって中国はウィンウィンの開放戦略を堅持し、みずからの利益と人類共通の利益の一致を求め、自国の発展と他国の発展による実りある相互作用を追求し、各国がともに発展するよう努力する。世界の国々がともに手を携えともに繁栄を築くことを心から期待する。国務院新聞弁公室「『中国的和平発展』白皮書（『中国平和発展』白書）」二〇一一年九月六日

（8）老子『道徳経』第三十六章参照。「まさに之を去らんと欲すれば、必ずしばらく之を挙げよ。まさに之を奪わんと欲すれば、必ずしばらく之を予《あた》えよ。まさに之を滅ぼさんと欲すれば、必ず先に之を学べよ」。この言葉は現在では、「まさに之を取らんと欲すれば、必ず先に之を予えよ」と伝わっているが、その意味するところは若干異なっている。

（9）習近平「中国国際友好大会および中国人民対外友好協会創立六十周年記念イベントでの演説」新華社二〇一四

年五月十五日北京発

（10）平和五原則：領土・主権の相互尊重、相互不可侵、相互内政不干渉、平等互恵、平和共存。わが国において最も早い互恵主義的基本原則。

（11）覇権主義とは、一九七四年二月二十二日、毛沢東同志がザンビアのカウンダ大統領と接見した際に初めて示した概念で、米国、ソ連といった先進国を指している。国連特別会議での鄧小平同志の発言原稿（内容は毛沢東同志の思想に基づくもの、中央政治局による討議を経て採択）は、毛沢東同志の「三つの世界論」を詳述するとともに、反植民地主義、反帝国主義、反覇権主義を主張、特に超大国による略奪と制圧に反対した。党中央文献研究室編『建国以来毛沢東原稿（建国後の毛沢東の原稿）』第十三冊、三七九～三八七頁、北京、中央文献出版社、一九九八年

（12）『鄧小平選集』第三巻、一〇二頁、人民出版社、一九九三年

（13）国務院新聞弁公室「『中国的和平発展道路』白皮書（『中国の平和発展の道』白書）」二〇〇五年十二月

（14）経済のグローバル化および地域経済協力がもたらす有利な条件を十分に生かし、輸出と外貨獲得のみを主体とする路線から、輸入と輸出、外貨獲得と海外投資をともに重視する路線へと転換し、開放の幅を広げる。開放型の経済システムを整備しそのレベルアップに努めることで、発展、改革、イノベーションを促進する。国務院新聞弁公室「『中国的和平発展』白皮書（『中国平和発展』白書）」二〇一一年九月

（15）王毅『盤点二〇一四：中国外交豊収之年（総点検二〇一四：中国外交豊作の年）』新華社二〇一四年十二月二十四日北京発

（16）習近平主席は「中国はアジアの各地域と協力し、協同的かつ総合的で持続可能なアジア安全観を提唱する。地域の安全と協力のための新しい枠組みを構築し、共有可能で相互利益的な安全の道を歩もうとするものである。中国の平和的発展はアジアに始まり、アジアを頼みとし、アジアに利益をもたらす。中国人民は他地域の人々とともに平和の維持、公平な発展というアジアの夢を実現するために努力する」と語った。習近平「アジア安全観の積極的な樹立　安全協力の新局面をともに築く――アジア相互協力信頼醸成措置会議第四回サミットでの演説」新華社二〇一三年五月二十一日上海発

（17）習近平「持続的発展を求めアジア太平洋の夢をともに築く――二〇一四年アジア太平洋経済協力（ＡＰＥＣ）

CEOサミット開幕式での講演」新華社二〇一四年十一月九日北京発
(18)習近平主席は中央周辺外交工作会議で周辺外交の基本方針を提起、友好、安定、貢献といった関係を築くべきとし、その理念を「親・誠・恵・容」と表現した。また新たな状況下で外交を推進するためには戦略的に問題を分析・処理し、コントロール力、計画力、実行力を高めなければならないとした。新華社二〇一三年十月二十五日北京発
(19)習近平主席は中央外事工作会議上で「われわれは協力とウィンウィンを核心とする新しい国際関係を築き、相互利益的な開放戦略を堅持しながら、政治、経済、安全、文化など対外協力のさまざまな分野で協力とウィンウィンの理念を体現する」と語った。新華社二〇一四年十一月二十九日北京発
(20)習近平主席は中央外事工作会議上で「非同盟の原則を堅持しつつ、広く友人関係を結び、世界中にパートナーシップのネットワークを広げる」と語った。新華社二〇一四年十一月二十九日北京発
(21)当時、最も喫緊の課題は、一、中米、中ソの間に戦争が起きるかどうか、二、米ソのいずれが中国の安全にとってより脅威となるか、三、この局面の打開にあたり、どのような新たな構想があるか、であった。毛沢東同志の指示により、陳毅元帥主催による、徐向前同志、聶栄臻同志、葉剣英同志参加の会議が開かれ、国際問題報告書(「対戦争形勢的初歩估計(戦争情勢に対する初歩的な評価)」一九六九年七月と「対当前局勢的看法(現在の情勢に対する見方)」一九六九年九月)が作成された。陳毅元帥らは中国、米国、ソ連の「大きなトライアングル」関係のうち、中ソの矛盾は中米のそれより、米ソの矛盾は中ソのそれより大きく、目下、米ソ両国は「中国カード」を切ることを急いでおり、中国は戦略的に主体的な地位にある、と分析した。逄先知、金衝及監修『毛沢東伝(一九四九~一九七六)』北京中央文献出版社、二〇〇三年、一六二四~一六二五頁参照
(22)銭其琛「新中国の外交と国際戦略思想を切り開いた毛沢東の偉大な貢献――一九九三年十二月二十六日の毛沢東の生涯と思想シンポジウム開幕式における演説」『外交十記』世界知識出版社、二〇〇三年(濱本良一訳『銭其琛回顧録 中国外交二〇年の証言』東洋書院、二〇〇六年十二月)
(23)金衝及『二十世紀中国史綱』第三巻、社会科学文献出版社、二〇〇九年、一〇七二~一〇七三頁
(24)一九八三年九月、鄧小平同志が北京市景山学校に贈った題辞「教育要面向現代化、面向世界、面向未来(教育

は『現代化』に向かい、世界に向かい、未来に向かう）」

(25) 胡鞍鋼「中国加入WTO的再評估：中国如何全面開放、全面参与、全面合作、全面提昇（中国WTO加盟の再評価：中国はいかに全面的に開放、参画、協力、向上していくのか）」『国情報告』二〇〇六年第二十六期、十一月二十八日

(26) 国家計画委員会発展計画司「加入世界貿易組織提高国際競争力重点専項規劃、国家「十五」重点専項規劃（WTOへ加盟し国際競争力を高めるための重点特定項目計画、国家第十次五カ年重点特定項目計画）」中国物価出版社、二〇〇二年

(27) 習近平「第十八期五中全会第二回全体会議における演説（抜粋）」『求是』二〇一六年第一期

(28) 平和的発展。中華民族は平和を愛する民族である。近代以降、戦乱と困窮の悲惨な歴史を経験した中国人民は、平和の尊さを痛感し、発展を希求しており、平和であってこそ安心して暮らせ、発展があってこそ満ち足りて暮らせると深く信じている。中国は国家の発展のために平和で安定した国際環境作りを外交の中心任務にすると同時に、世界の平和と発展のために積極的になすべき貢献をし、侵略拡張は決して行わず、永遠に覇権を争わず唱えず、終始世界および地域の平和と安定を維持する確固とした力となる。国務院新聞弁公室「『中国的和平発展』白皮書（『中国平和発展』白書）」二〇一一年九月六日

(29) 開放型発展。中国は自らの発展の歩みの中で、門を閉ざして建設はできないと深く理解している。改革開放を基本的国策の一つとし、国内の改革を対外開放と結びつけ、独立自主の堅持をグローバル経済への参画と結びつけ、中華民族の優れた伝統の継承を人類社会のすべての文明の成果を学ぶことと結びつけ、国内と国外の二つの市場およびリソースを結びつけ、開放的な姿勢で世界に融合し、対外開放を広く深く絶え間なく推し進め、世界各国との交流を深め、内外連動の、互恵ウィンウィンの、安全で高効率な開放型経済体制を整備する。中国の対外開放の扉は今後決して閉ざされることはなく、開放度は増す一方である。国務院新聞弁公室「『中国的和平発展』白皮書（『中国平和発展』白書）」二〇一一年九月六日

(30) 共同の発展。現在、世界各国の相互依存は日増しに強まっている。世界各国がともに発展しなければ、より多くの人と発展の成果をわかち合うことはできず、世界の平和と安定もしっかりとした基盤や効果的な保障を持てず、

世界各国の発展も持続できなくなる。したがって、中国は互恵ウィンウィンの開放戦略をとり、自らの利益と人類の共通利益を一致させ、自らの発展を追求すると同時に、他国とともに発展する良好な相互作用の形成に努め、世界各国がともに発展していくことを促進する。中国は世界各国と手を結び、肩を並べ、ともに発展、繁栄していくことを心から望んでいる。国務院新聞弁公室「『中国的和平発展』白皮書（『中国平和発展』白書）」二〇一一年九月六日

(31) 中国は後発開発途上国の対中輸出の拡大を積極的に推進し、国交のある後発開発途上国の九五％の対中輸出製品に対してゼロ関税措置の実施を約束した。また、多重債務国および後発開発途上国五十カ国の三百八十項目の債務を減免し、開発途上国のために人材を延べ十二万人養成し、対外支援医療隊員累計二万一千人、対外支援教員一万人を派遣した。国務院新聞弁公室「『中国的和平発展』白皮書（『中国平和発展』白書）」二〇一一年九月六日

(32) 国務院新聞弁公室「『中国的和平発展道路』白皮書（『中国の平和発展の道』白書）」二〇〇五年十二月二十二日

(33) 国務院新聞弁公室「『中国的和平発展』白皮書（『中国平和発展』白書）」二〇一一年九月六日

(34) 植民地主義（Colonialism）は資本主義強国が弱国を抑圧し、搾取し、奴隷化して自身の植民地、半植民地とする一種の侵略政策である（『辞海』〔第六版〕縮刷版、二四五〇頁）。二つの段階に分けられ、第一段階は欧州諸国が勢力を拡張し植民地を形成した一四五〇年から一七六三年であり、重商主義時代の植民地と称される。第二段階は欧州諸国が全世界に勢力を拡張し植民地を獲得していった一七六三年から一八七五年であり、産業革命時代の植民地と称される。

(35) レーニンは『帝国主義是資本主義的最高階段（資本主義の最高の段階としての帝国主義）』（一九七九年）の中で、帝国主義を極めて簡潔に定義すると、資本主義の独占段階であると指摘している（『列寧選集（レーニン選集）』第二巻、六五〇頁）。レーニンは同書の中で以下のように指摘している。資本主義の自由競争段階から独占段階への移行は十九世紀末から二十世紀初頭にかけて完成した。資本主義国家だからこそ帝国主義を実行に移してしまうのである。帝国主義は独占的であり、寄生的であり、腐敗し、死にかけている資本主義であり、資本主義の発展の最高段階であり、最終段階である。

(36) 覇権主義とは世界において、またはある地域で権勢をふるう政策である。通常、大国や強国が他国の主権と独立を尊重せず、他国に対して強引に干渉、支配、統治を行うことを指す（『辞海』〔第六巻〕縮刷版、五四頁）。

第五章　わかち合いの発展理念

「人がみな親しみ合い、平等で、権力者が天下を私物化することがない、これが大同である」[1]。これは、「改革・発展による成果が多くの人に行き渡ることが社会主義の本来的な役割であり、また社会主義制度のすばらしさだ。わが党が人民のために尽くし続けているのもまさにこのためである」とする習近平主席の言葉の通りである[2]。わかち合い型発展とは公平な豊かさへの道をひたすら歩み続けること、人間の全面的発達を促すことであり、人民のための人民による発展、その利益をみなでわけ合える発展の実現である[3]。

わかち合い型発展の継続のためには、発展に対するより広い角度からの認識、理解、探求が必要である。わかち合い型発展の理解に対しては、単純な経済成長を求めるのではなく、まずは経済、社会、政治の三分野からとりかかり、最終的には人間の全面的発達を目標とする。わかち合い型発展の継続にはより効果的な制度整備が必要であるが、それは以下のようなものでなければならない。発展により得られた「獲得感」を新たなる発展の動力とし、団結を強める。人民がそれぞれ力を発揮できる仕事を得、ともに富を築く。人民がそれぞれ適切な場において社会福祉の恩恵を受け、調和的社会の中でともに幸福を築き、公平な豊かさに向かっておだやかに前進する。

人類の発展は、富の公平な分配が制限される経済主体の発展段階から、富が公平にシェアされる社会建設を主とする発展段階へと進むものであるが[4]、中国は今まさにその過渡期にある。このような段階に見られる特徴としては、急速な社会革新と国の統制力向上、わかち合い型発展を実現するための十分な制度整備がある。

わかち合い型発展は、より広い社会革新を実現するための法律や制度を整え、中国経済の健全な中高速発展および「中所得の罠」回避のため、人民の生活やその他の分野での改善を進め、小康社会を完成させ新しい力を呼び込む。

また、わが国の発展の道を切り開くための条件という点では、わかち合い型発展は中国独自の社会主義にとって基本的に必要なものである。『『中国の夢』とはすなわち人民の夢であり、人民の手によって実現されるべきもの、また人民に幸福をもたらすべきものだ」と習近平主席は述べる。わかち合い型発展の維持は第十八期五中全会で主張されたものであるが、これはわが国の伝統理論の継承であり、社会主義の本質であり、新時代の構成要素となるものである。

よって、公平な豊かさという「中国の夢」を実現するためには、中国独自の社会主義の道を歩む必要があるが、その本質はまさしくわかち合い型発展の道を歩むことだといえる。これは、中国共産党の発展観の新しい成果、中国独自の社会主義発展観を豊かにする新しい要素であるだけでなく、党中央による政治実践の総括、また政治思想の拡張版およびアップグレード版でもあり、わが国のこれからの経済社会の各分野に大きな影響を与え、広く深い変革をもたらすものである。

一、思想のよりどころ

わかち合いの発展理念には三つの思想のよりどころがある。

まずは、わかち合いの発展理念が中華民族に代々受け継がれてきた、この国の歴史を貫く偉大な夢であることについて述べよう。二千年以上前、孔子は「天下の大同」「小康」社会といった夢を唱えた[5]。近代、中国は西洋列強による分割を受け急速に衰退したが、偉大な夢が潰《つい》えることはなく、康有為は古の「大同」の理想を再び取り上げるとともにさらに発展させた[6]。一九二四年、孫文は「目指すべき社会とは、貧富の差や、一部の富裕者が貧しい者を抑圧するといった現象のない公平な社会であり、すべての人が『生活上の幸福と平等』を手にする社会である。『人民の、人民による、人民のための政治』の実現こそが、古人の言う『天下を公にする』ことなのである」と唱えた[7]。しかしながら、彼らの言う「大同の世界」はあくまでユートピアに過ぎず、そこでは「大同に至る道を見いだすことはできなかった[8]」

次に、わかち合いの発展理念のよりどころとしてマルクス科学的社会主義の理論と実践を見てみよう。この数百年に及ぶ世界最大の変化は資本主義によるものである。資本主義の誕生、発展、そして全世界への普及はいまだかつてない経済成長と社会発展をもたらした（これは平均余命や平均就学年数、人間開発指数などに見ることができる）。しかし一方で、これまでにない規模の格差（南北格差や各国内部の格差）、分化、衝突（二十世紀だけでも二度の世界大戦と数百を数える戦争と衝突があった）がもたらされた。この間、人類は進歩と繁栄を求めながらも、さらに公平、公正な社会主義を求め、その実践と探求は今なお続いている。その最も早いものは空想的社会主義であるが、十九世紀中葉にマルクス、エンゲルスが科学的社会主義を提唱すると、社会主義は空想から科学へと飛躍した。二十世紀に入ると、レーニンが指導した「十月革命」の勝利により社会主義発展の歴史が始まる。スターリンにより築かれた社会主義制度および独自の「ソビエトモデル」は多くの改革と挫折を経験し、最終的にはソ連の解体へと至ったものの、深い歴史的教訓を残してくれた。これら、中国の新民主主義革命および社会主義の実践に長期的な影響を与えた社会主義の理論と運動は、本質的には公平な豊かさをもたらす社会主義への道を切り開くものだった。

最後に、わかち合いの発展理念が新中国の歴代指導者の社会主義思想を集大成したものであるという点を明らかにする。新中国の成立後、人民の解放、民族の独立、搾取の根絶が果たされ、社会主義制度が設立したが、これは、世界人口の五分の一以上を占める中国で「大同世界」の追求と実現のための制度的基盤が築かれたということであり、実現不可能だった「大同世界」という中国の夢が初めて実現可能となったのである。

偉大な国家には偉大な夢が、偉大な時代には偉大な夢が必要である。毛沢東同志にとっての中国の夢とは何であったのか。それは公平な豊かさをもたらす社会主義強国を作り上げることである。(9)貧困からの完全な脱却や富の実現、ましてやすべての人民による豊かさの共有をあの時代に毛沢東同志一代で果たすことは不可能であった。しかし、わが国の収入が最低レベルだった状況の中で比較的高い発展をなしとげ、一定の公平さのある社会主義社会を作り上げ(10)、改革開放のための物質的、社会的、制度的基礎を築いたことは、わが国が公平な豊かさという社会主義の道を歩むための基盤となった。

二、これまでの実践

「共同富裕（ともに豊かになる）」は中国の偉大な夢であり、共産党の偉大な歴史的使命でもある。偉大な歴史的使命は壮大な長期にわたる大戦略を必要とする。壮大な大戦略は偉大な歴史的使命を十分に体現するものであり、（根本は）終始一貫しながらも時代とともに進化していかねばならない。[11]それは中国のすべての「路」にとっての「中国の道」である。[12]共産党の歴史的使命は常に明確である。その使命を実現する大戦略もまた常に明確であり、共産党の創造性、継承性、連続性を表し、中国という巨艦を「共同富裕」へと導く目標体系図、航海図となっている。

一九四九年以降の毛沢東同志らによる初代の大戦略には二つの大きな目標があった。一つは工業化と「現代化」である。中国は弱国の地位から抜け出し、真の意味で世界の強国となる必要があった。もう一つは社会主義革命である。中国人民を貧困から脱却させ、ともに豊かになる必要があった。社会主義を堅持しなければ、人民がともに豊かになり、国が強国になるという目的は実現できない。毛沢東同志は生涯にわたり一貫して社会主義の公平原則を堅持し、社会主義制度を通じて搾取を排除し、「工業と農業、都市と農村、頭脳労働と肉体労働」の三大差別をなくしていった。この三大差別撲滅の主旨は、貧しく立ち遅れた世界最多の人口を抱える中国を比較的短時日に強大な社会主義近代国家にすることにあった。

一九七九年以降、鄧小平同志が「小康（いくらかゆとりのある社会）」と「中国の夢」というスローガンを打ち出し、「小康家庭[13]」、「小康レベル[14]」、「小康社会[15]」という目標を掲げた。これは中国古来の「大同」思想の歴史的継承であり、また近代中国社会主義の理想の時代的イノベーションである。鄧小平同志による「小康」は従来の小康とは意味が異なり、より優れているのは「共同富裕」という社会主義の理念と方向を具体的に表している点である。一九八七年、鄧小平同志は中国社会主義「現代化」の三段階発展の長期目標構想を打ち出し、第十三回党大会で国家経済建設の戦略配置を三段階に分けた。第一段階では、GNPを一九八〇年比倍増とし、人民の「温飽」（最低限の生活水準）を保障する。第二段階では、二十世紀末までにGNPを倍増させ、人民の生活を小康レベルに引き上げる。[16] 第三段階では、二十一世紀半ばまでに一人当たりGNPを中レベルの先進国並みとし、人民の生活を比較的豊かにし、基本的に「現代化」を実現する。[17] 鄧小平同志はまた創意を凝らし、ともに豊かになるための路線図を作成した。すなわち「二段階の歩み」である。第一段階は「先富論」であり、「一部の人が先に豊かになる」。第二段階は「共同富裕論」であり、「先に豊かになったものが後のものを率いて、最終的に共同富裕に至る」。これにより中国は異なる二つの段階を相互にリンクさせる発展プロセスを歩むことになった。一九七八―二〇〇一年は「先富論」を主題とし、二〇〇二年からは「共同富裕論」が主題となった。

二十世紀末に、党中央は将来を見据えて、来たる二十一世紀最初の二十年における中国の発展段階と国内外の情勢について基本的な判断を下し、鄧小平同志の「三段階」発展戦略にさまざまな肉づけを行った。一九九七年、第十五回党大会の報告では社会と経済の発展状況に基づき、世紀をまたぐ社会主義「現代化」建設のための第三段階戦略に対して、具体的に新たな配置が策定された。[18] 二〇〇二年、第十六回党大会の報告では、二十一世紀に「現代化」の三段階構想を実現することが明確に打ち出された。[19] 二〇〇七年の第十七回党大会では、全面的な小康社会建設のために新たな要求が出された[20]。二十一世紀最初の十年の目標を成功裏に達成した後、二〇一一年七月一日、胡錦涛同志は中国共産党結党九十周年祝賀大会で「二つの大目標」について演説を行い、「わが党は人民を率いて団結し、今世紀の前半に二つの壮大な目標を達成する。それは中国共産党結党百周年までに十数億の人民に恩恵の及ぶ、さらに高い水準の小康社会を建設し、新中国建国百周年までに豊かで強大な、民主的で文明的な、調和のとれた社会主義近代国家を建設することである」[21]と述べた。

第十八回党大会では、「二つの百年」という偉大な目標が定められた。これは二十一世紀に入った党中央が偉大な中国「三部曲」を編成したことを示している。第一部は二十年の歳月をかけて共産党結党百周年までに全面的な小康社会を実現する。第十八回党大会では、この核心目標のために経済、政治、文化、社会、生態文明の建設からなる「五位一体」の体制が体系的に計画された。この体制について五中全会で以下の新たな指示が出された。「三部曲」の第二部として、さらに三十年を費やし、新中国建国百周年までに「共同富裕」を実現し、中国の特色ある社会主義「現代化」を全面的に実現する。第三部として、二十一世紀を通じて中華民族の偉大なる復興を一歩ずつ実現する。

二十一世紀から中国は全面的に小康社会を実現する段階に入り、発展の主題は「共同富裕論」「共享発展論（わかち合いの発展論）」となった。社会主義の本質はともに豊かになることであり、これは中国において極めて重要で特別な意義を持っている。

三、わかち合いの発展理念が求めるもの

わかち合いの発展理念は、現代中国の発展に絶えず社会主義的要素を注入する理念である。ともに発展し、ともにわかち合い、ともに豊かになるためには、社会主義の制度と政治の優位を発揮していかねばならない。資本主義的要素は人々を豊かにすることはできるが、ともに豊かにすることはできない。社会主義的要素は人々をさらに豊かにするばかりか、ともに豊かにすることもできる。

中国における社会主義制度の確立はたかだか七十年であり、資本主義の数百年の歴史に比べると短く未発達である。極度の貧困、未成熟、未発達、不均衡、不平等などの段階を中国は相次いで経験し、その後、徐々に小康レベル、成熟、発達、均衡、平等の方向へ向かい、今後は富裕、成熟、発達、均衡、公平の段階に入るだろう。しかし、絶えず社会主義的要素を増強しなければ、十数億の人民を真の意味で団結させ、効果的に社会各界の力を動員することはできず、人民の創造力を発揮させ、発展の成果を全人民でともにわかち合うことはできない。社会主義の基本的な政治制度を維持しなければ、民族の団結、「一体多元」[22]、国家統一、「長治久安（長期間の治安の維持）」を政治的に保障することはできない。

わかち合いの発展理念を堅持し、ともに豊かになる道をゆるぎなく歩くことは、全面的な小康社会実現の本質であり、社会主義の調和のとれた社会を構築する基礎である[23]。これには三つの重要な原則がある。一、全人民がそれぞれ力を尽くして、ともに経済と社会を発展させ、各種の富を創出する。二、全人民がそれぞれ社会に居場所を見つけ、発展の成果をわかち合い、「共同富裕」と

「共同繁栄」を実現する。三、全人民が調和のとれた良い関係にあり、ともにつつがなく暮らせる社会を築き、互いに協力し助け合って困難を乗り越えていく。

まず、「共同富裕」とは決して豊かさの平均ではない。現実的に考えても豊かさを平均するのは難しい。地域間の発展は条件の差が極めて大きく、人的資本にもそれぞれ差がある。われわれは社会には差があり、その差をゼロにすることはできないと認めるべきであろう。この世に社会があるかぎり、差というのは存在し続けるのである。

次に、「共同富裕」の核心は「共同」であり、十数億の人が「共同」で発展の機会に参加し、「共同」で発展の力を増強し、「共同」で発展のレベルを引き上げ、「共同」で発展の成果をわかち合うことである。この四つの「共同」こそが、真の意味での「共同富裕」である。

さらに、「共同富裕」の最低ラインは二極化の出現を防ぐことである。われわれは国家経済の成長速度を懸念する必要はない。なぜなら、中国は今まさにテイクオフの段階にあるからである。懸念が必要なのは、社会が長期安定と調和のとれた発展を維持できるかどうかである。「共同富裕」は中国式社会主義の錦の旗であり、十数億の人民の根本的な共通利益であり、社会的な動乱と革命を防ぐものでもある。また、「共同富裕」は共産党の国政運営に政治的な合法性を与え、社会の安定と治安を維持する政治的保障でもある。われわれは社会的な差の存在を客観的に認める唯物主義者である。さらに弁証法的唯物主義者であるから、人民が富を創出して豊かになることを奨励するだけでなく、社会的な差が大きくなりすぎないよう、それが社会的不安を生むことのないよう未然に防がねばならない[24]。

わかち合いの発展理念の基本目標は以下の通りである。①地域間の発展格差を縮小する　②都市と農村の所得格差を縮小し、家計資産を増やし、人民がさらに豊かな生活を過ごせるようにする③都市と農村、地域間の公共サービスの均等化において、主要社会発展指標の差を縮小し、郷村（＝村落）と低開発地域の人的資本レベルと開発能力を大幅に向上させる④郷村人口の小都市への移転と未開発地域人口の先進地域への流動を促進し、人々が小都市や先進地域の発展の成果をともに享受し、相応の公共サービスが受けられるようにする⑤公平で合理的な再分配制度を確立し、人々の富の創出を奨励し、貧富の二極化を回避する。これらが中国の目指すさらに豊かで発達した高水準の小康社会である[25]。

二〇二〇年以降、中国は「共同富裕の時代」、すなわち、「共同発展」、「共同繁栄」、「共同富裕」の「大同」時代に入るだろう。「共同発展」は「共同繁栄」につながり、「共同繁栄」は「共同富裕」につながる。「共同富裕」に到達した証左は以下の点に現れる。都市と農村、地域間、人民間の三つの格差が縮小する。これらの格差は単に所得上のことではなく、所得、健康、教育、公共サービスなど多次元の指標を含む広い意味での発展格差である。都市でも農村でも、東部沿海地区でも内陸部の西部地区でも、ブルーワーカーも農民もみな相対的に豊かな生活を送り、質のよい公共サービスが受けられる。主な社会保障が全人口をカバーし、十四億の人民が公平に発展の成果をわかち合う。国際的な指標でみれば、平均寿命、平均就学年数、人間開発指数（ＨＤＩ）が高値を示して上昇し続ける。

四、主要分野における展開

わかち合いの発展理念は社会主義の中国にとって発展の基本的な方向であり、十数億の人民の願うところであり、共通利益や共同事業の在りかでもある。社会主義の「現代化」の本質は人の「現代化」である。さらに進めていえば、社会主義の制度と政治の優位を発揮し、十数億の人民という持続的な人的資本に投資し（成長の機会の創出、能力の向上、活力と創造力の発揚を含む）、「人を基本とする」という新たな要求を体現することである。

党中央の新三段階戦略構想に基づき、第十三次五カ年計画では、経済と社会の発展において、モデルチェンジを加速し、全面的に科学的発展の軌道に乗せ、十数億の人民に恩恵の及ぶ小康社会を全面的に建設する。その核心となる思想は、一面的ではなく全面的な小康社会であり、少数の人だけでなく十数億の人民に恩恵の及ぶ小康社会であり、「先富論」から完全に脱却して「共同富裕」の段階に入ることである。二〇二〇年目標の実現は、百年の中華民族の夢と中国の夢を実現するための重要な布石である。筆者たちの言葉でいえば、新たな発展段階に進むための新たな礎を築くことである。これには主に以下の内容が含まれる。

（一）貧困脱却攻略戦に勝利する

わかち合いの発展理念では、人民の主体的な地位が際立っている。主な課題は第十三次五カ年計画の貧困脱却攻略戦をうまく展開し、全面的に小康社会を建設するうえでの「短い板」をしっかり補強することである。習近平主席が指摘した通り、全面的な小康社会の建設にあたり、最も厳しいのは農村であり、特に貧困地域が問題である。農村の特に貧困地域が小康を得られなければ、全面的な小康社会の実現は難しくなる。第十三次五カ年計画の実施期間は全面的な小康社会の建設にとって正念場ともいえ、その成否の鍵はこの「短い板」の補強にある。統計によると、二〇一〇年から二〇一四年の五年間において、国が新たに定めた貧困ライン基準による農村貧困人口は全国で一億人近く減少したが、依然として二〇一四年末の時点で七千万強の人が貧困ライン以下の生活を送っており、中には最貧困水準の人々もいる。そのため、第十八期五中全会では、二〇二〇年の全面的な小康社会の実現について、「わが国の現行基準に基づく農村貧困人口が貧困から脱却し、貧困県のすべてがそのレッテルをはずし、地域性の貧困を解決する」と定められ、貧困支援開発がかつてないほど重要な位置に置かれた。これは第十三次五カ年計画の期間に過去の経済社会の発展成果を基礎として「短い板の補強」に注力しようとする党中央の意向を十分に反映している。

　第十三次五カ年計画における貧困脱却の主な課題は、習近平主席の打ち出した「四つの確実」である。その内容は、指導者が確実に責任を果たし、精度を上げて貧困支援を確実に実施し、社会の協力を確実に強化し、基層組織を確実に強化することである。貧困地域の生産力と貧困人口自身の成長力の増強を立脚点とし、確実に貧困を支援し、確実に貧困から脱却させるためにさらに検討を重ね、貧困脱却攻略戦を着実に展開する。そして、貧困人口については、「二つの憂いの解消、三つの保障[26]」を実現する。具体的な措置は以下の通りである。①組織と政策の面で、各級各分野の貧困支援資源を再編し、効果的に中央と地方、政府と社会が連動する貧困支援協力体制を構築する②財政の面で、旧革命根拠地、民族地域、辺境地帯、貧困地域に対する財政移転支出を拡大し、インフラ支援を計画的に展開し、金融支援を秩序よく実施し、貧困地域が立ち遅れた状態から抜け出するために必要なハード面の基礎と原動力を提供する　③リソースの面で、各地域、各集団の貧困に至った誘因を正確に分析し、生態環境支援、産業支援、教育支援などのサポートを選択的に実施する。そのうち生態環境支援については、劣悪な自然条件の地域に住む人々の移住と「生態移民」（生態系の崩壊、保護、修復により住民が移住すること）の措置を拡充する。産業支援については、貧困地域の基礎的な条件と産業発展のための潜在力を総合的に検討し、実際の状況に基づいて適切な支援を行い、支援プロジェクトの長期的な利益と社会的な効果を重視し、支援プロジェクトによる貧困人口の雇用創出を重視し、生態環境を経済成長の代償とする発展を回避する。教育支援については、貧困の世代間継承に着目し、貧困地域の基礎教育の水準を引き上げ、基礎教育の教員養成および外部との教員交流を強化し、産業支援、労働力輸出などを結びつけた職業技能訓練を積極的に展開する。さまざまな政策ツールを総合的に運用し、貧困地域への人材の流動を促進すると同時に、現地の人材流失を食い止める。

（二）都市と農村の「共同富裕」を促進する

都市と農村の「共同富裕」は、都市と農村の一体化、多元的な社会構造の一体化の実現を示す直接的な証左であり、具体的には農村の貧困人口がゼロとなり、都市と農村の所得水準と生活水準が同調することに現れる。目下、都市および農村の一人当たり可処分所得の年平均伸び率は七・〇％前後である。第十二次五カ年計画の目標数値は七％以上であったが、実際には二〇一一年―二〇一四年の年平均成長率はそれぞれ都市八・〇％、農村一〇・一％と経済成長率を上回り、第十二次五カ年計画の大きな成果となった。このことから、第十三次五カ年計画でもこの有効な方法を引き続き採用することで、所得の伸び率と経済成長を同調させるだけでなく、農村の所得の伸び率を小都市よりも高く、低所得者層の所得伸び率を平均伸び率よりも高くすることが期待でき、国民所得における農民所得の割合や第一次分配における労働報酬の割合も多少引き上げられ、それが経済成長の出発点と立脚点となるだろう。筆者たちは省以下の地方政府に対して、これを核心指標とすること、調査のサンプルを拡大して統計の質を引き上げること、また今後はGNPを評価の指標としないことを提案する。

全面的な小康社会の実現を示す重要な証左は、全般的に人民のエンゲル係数が低下し、やや富裕層のタイプを示すようになることである。エンゲル係数は家計の消費支出に占める飲食費の割合である。それは相対的な指標であり、国または地域による物価の違いの影響を排除し、一人当たり平均所得という絶対的な量的指標と比べ、都市や農村における各地の住民の実際の生活レベルをより客観的に反映する。都市と農村の平均所得の水準が高まるにつれて、エンゲル係数は明らかに下降する。二〇一〇年の都市と農村の住民のエンゲル係数はそれぞれ三五・七%、四一・一%であった。二〇一四年には三〇・〇%、三三・六%となり、それぞれ五・七ポイント、七・五ポイント低下した[27]。二〇一五年の全国平均エンゲル係数は三〇・六%となり、さらに富裕層レベル(三〇%以下)に近づいた。二〇二〇年には、全国平均エンゲル係数、都市と農村住民のエンゲル係数はいずれも三〇%以下の二五―二七%となり、富裕層の消費構造タイプを示すものと予測される。

(三) 地域の「共同富裕」を促進する

地域間の発展の不均衡は中国の国情の基本的な特徴の一つであるが[28]、すべての地域の所得水準は向上しており、不均衡はその向上の差にある。筆者たちはこれをかつて「一つの中国、四つの世界」という言葉で表した[29]。ところが、二十一世紀に入り、この枠組みに大きな変化が現れた。各地域の所得水準が向上し、しかも同調する傾向が現れ、「四つの世界」は現在の「二つの世界」（中高所得と高所得）へと移行した。今後、二〇二〇年に中国が中高所得国水準に近づくと、およそ半分の省（市、区）が高所得水準になり、残りの半分は中高所得水準となる。そして、二〇二〇年以降は「二つの世界」が「一つの世界」（高所得）へ向かうと予測される。

最も意義のあることは、依然として人間開発指数（ＨＤＩ）が上昇傾向にあることである。国際上、ＨＤＩは国または地域の発展水準を測る最良の指標であり、国連の統計と発表によると、世界百八十八カ国で採用されている。世界最多の人口を抱える中国としては、当然これを採用し、中国の発展のレベルと質をさらに客観的に評価すべきであろう。国連開発計画の「人間開発報告書二〇一五年」によると、二〇一四年の中国のＨＤＩは〇・七二七であり、世界百八十八の国および地域の中で第九十位となっている。そのうち、出生時平均余命は七十五・八歳、平均就学年数は七・五年、予測就学年数は十三・一年、一人当たりＧＤＰ（ＰＰＰ）は一万二五四七米ドルであり、高水準（ＨＤＩ〇・七以上）に属する[30]。筆者たちのデータによると、二〇二〇年には中国のＨＤＩは〇・七七〇に達し、二〇一四年の世界ランクに当てはめると第六十六位となり[31]、高水準のグループの中でやや上のほうに入る。地区ごとに見ると、一部の地区のＨＤＩは〇・八〇を上回り、超高水準に達する。その他の地区（チベットを含む）は高水準になる。これこそ中国が全面的に小康社会を達成した、世界公認の証左となる。

（四）基本的なサービスの均質化を実現する

人間の全面的な発達は経済成長のレベルによって決まり、また基本公共サービスの水準と均等化の程度によって決まる。第十三次五カ年計画では、基本公共サービスの均等化はすでに科学的発展と調和型発展の重大な戦略課題として、各級政府の基本的な職責になっている。基本公共サービスは公共サービスにおける最も基礎的な核心となる部分であり、人々が最も関心のある直接的で現実的な利益と密接に関連している。基本公共サービスの均等化とは、基本公共サービスの分野において、一人ひとりに同様の権利を保障し、同水準のサービスを提供することである。基本公共サービスの均等化の実現は現代政府の基本的な職責であり、居住場所が都市でも農村でも、先進地域でも貧困地域でも、社会各層のあらゆる成員が同水準の義務教育、公衆衛生、基本的な医療、基本的な社会保障、公的な就職斡旋、基本的な住宅保障などさまざまな基本公共サービスを公平に受けられるようにしなければならない。そして、実情に合った、都市および農村を網羅する、持続可能な基本公共サービス体系を構築し、都市と農村間、地域間における人々の生活と公共サービスの格差を徐々に縮小していく。その強調するところは機会と効果の均等であり、単に差をなくして平均化することではない。

（五）教育の近代化を加速する

第十二次五カ年計画の期間、教育財政支出の対GDP比は上昇し続け、第十二次五カ年計画要綱の定める教育分野の重点課題はすべて順調に達成された。義務教育の定着率は九三％となり、高校の粗入学率は八七％に達し、二〇二〇年の達成目標である九〇％にかなり近づいた。高等教育機関（大学および高等専門学校など）粗入学率も四〇％となり、二〇二〇年の達成目標である四〇％を前倒しで実現した。これは中国が教育の近代化の面で大きな進展を得、主な教育指数の先進国との差が徐々に縮小していることを示している。

教育の近代化の加速とは、近代化の重要な要因である教育を社会全体において人民、特に教育人口に行き渡らせ、人的資本のレベルと潜在力を向上させることである。教育の近代化を実現してこそ、十数億の人民の近代化を根本的に推進し、真の意味で国家の近代化を実現することができる。「国家中長期教育改革と発展計画要綱（二〇一〇—二〇二〇年）」に基づき、第十三次五カ年計画における教育分野の総合目標は、「二〇二〇年までに教育の近代化を基本的に実現し、学習型社会を基本的に形成し、人的資源強国の仲間入りをする」ことである。具体的にいえば、教育ボーナスをさらに拡充して投資に回し、活力に満ちた近代的な教育システムを全面的に確立し、全人民が平等な教育を受けられる社会、整備されたシステムを持つ生涯学習型社会を全面的に構築し、さらに高い水準の人的資源強国となることである。この目標を達成するため、引き続き以下の教育改革を推進していかねばならない。①教育投資の拡大を通じて、多元的な主体の参加による、国家財政が保障する、各種ルートで資金を集める、基層に向かい各級が連動する、持続可能な政府主導型の教育基本公共サービス体系とメカニズムを構築する　②教育基本公共サービスの均等化を推進し、特に第十八期五中全会の決定に基づき、教育の質の向上、低所得者層の子女の教育を受ける権利の保障、教育の平等の普及、後期中等教育（高校）の普及の面で尽力し、さらに良質で公平かつ包摂的な教育において人の発達する権利を保障する。国民教育システムと人材育成モデルをイノベーションし、カリキュラム、入学制度、教育評価改革などの分野で成果をあげ、真の意味で人々が満足するような教育を実施する。

（六）比較的十分な雇用を実現する

習近平主席は「仕事は国民生活の基本である」と何度も強調して言っている。十分な雇用を実現することは、中国にとって国家ガバナンスの重要な目標の一つである。中国は、その膨大な人口により雇用問題の解決を迫る圧力がきわめて大きいが、それは同時に雇用拡大という国家ガバナンスの奇跡を生じさせることにもなった。第十二次五カ年計画の期間、中国は四年間（二〇一一―二〇一四年）で同計画の目標を繰り上げ達成し、小都市で新規に四千五百万の雇用を創出し、新規増加の就業先の類型がさらに多様化した。また、就業構造もさらに最適化され、サービス業が就業人口を吸収する一大産業となり、サービス業をはじめ近代的な就業の枠組みが初歩的に形成された。第十三次五カ年計画期間、経済成長、国民所得の増加、社会の安定に対する雇用の役割はより一層強まるものと見込まれる。

第十三次五カ年計画期間、雇用問題はチャンスと挑戦に直面する。チャンスの面では、①内需や起業にけん引されて雇用が増加する　②近代サービス業の経済全体に占める割合が高まり、就業人口を吸収する力が強まる　③都市化の発展、シルバー産業の新興により大量の雇用が創出される。挑戦の面では、経済モデルの転換と経済のアップグレードにより、労働の質に対する要求がさらに高まると同時に、労働力コストの上昇により、一部の労働集約型産業で労働力コストのより低い地域へと移動する動きが生じるため、全体から見ると雇用情勢は依然として厳しく、構造上の矛盾が突出する。こうしたことを考慮し、第十三次五カ年計画期間の就業問題に対する基本的な考え方は以下の通りである。第十八期五中全会の精神を貫き、引き続き雇用優先戦略を採用し、さらに積極的な雇用政策を実施する。雇用に対する起業のけん引力をさらに発揮させ、起業を雇用の新たな成長ポイントとする。フレキシブルな働き方や新たな就業形態への支援を強化し、就業と起業の体制メカニズムを整備し、就業の発展を経済成長、構造のアップグレードと協調させて推進する。さらに良質で十分な雇用を実現し、労働者がそれぞれ能力によりポストに就き、雇用主がポストに人材を得てその能力を発揮させるという良好な局面を形成する。

具体的には以下の通りである。①起業という雇用の新たな成長ポイントを巡って「起業型社会」を創出し、起業関連の政策、金融、社会面の環境を整備し、起業教育を強化し、各方面の参加による政府主導型の起業サービスメカニズムと起業保険システムの構築を検討し、起業が直面する体制上のリスクを低減する。社会における起業へのエネルギーを刺激し、人民が起業しイノベーションしていく活気あふれる局面を創出し、第十三次五カ年計画の時期を起業の「黄金期」とする ②雇用関連政策を早急に整備し、雇用政策を産業、貿易、財政、税収、金融などの政策と協調させ、就業人口を吸収する力のある近代サービス業と新興産業を積極的に発展させる ③職業技能訓練の生涯化と普及を通じて、労働力の質と能力を向上させる。職業技能訓練の無償化を重点とし、貧困世帯の子女、失業者、転職者など能力が相対的に低い人々の就職支援を積極的に展開する ④人的資源市場を調整し、就業サービスシステムを整備し、良好な労使関係を築き、就業支援メカニズムを整備する。

（七）人民皆社会保障制度を構築する

社会保障システムの構築は、世界的に最も難しく複雑で大変な事業の一つである。目下、社会保障レベルの低さは、世界の発展レベルを全体的に向上させるうえで大きな壁となっている。[32]第十三次五カ年計画期間、「都市と農村の一体化、質の向上、システムの健全化、公平の促進」の基本方針を堅持し、社会保障事業の推進を継続し、中国の特色ある社会保障システムを早急に構築しなければならない。「都市と農村の一体化」では、都市労働者、都市住民、農村住民に対する社会保障を一つのものとしてとらえ、統一的な計画と総合的な検討を通じて、都市と農村間の社会保障格差を縮小し、都市と農村を長年隔てていた社会保障メカニズムの「一国二制度」を改善し、都市と農村の一体化を図る「一国一制度」の社会保障を実現する。「質の向上」では、「基本保障」の前提のもと、社会保障の水準を徐々に引き上げ、経済成長や物価水準、受給者の所得水準などを考慮して保障を調整できるようにし、受給者のベネフィットを拡大し、社会保障を受ける際の利便性を向上させる。「システムの健全化」では、経済成長レベルに応じた、社会を広くカバーする、各層にわかれた社会保障システムを構築し、社会保障基金の資金調達ルートを開拓する。また、保険プールの階層を引き上げ、個人納付奨励メカニズムを構築し、社会保険基金と社会保障基金の運営管理を強化する。「公平の促進」では、より高層の社会プールと、都市と農村で分断されていた保障の一体化を通じて、保障の面で各地域、各層が平等の権利を受けられるようにし、負担の面で各主体間（国、社会組織、個人など）のバランスを調整する。

（八）社会管理体制をイノベーションする

わかち合い型発展の制度措置を健全化し、社会管理のリソースを再編し、社会管理の水準を引き上げ、共産党委員会（各級地区または組織の党委員会）の指導、政府の担当、社会の協働、人民の参加による社会管理の枠組みを構築する。具体的には、①社会管理と公共サービスにおける政府の基本的な職能を強化する　②都市と農村の基層コミュニティ組織を構築し整備する　③法に基づいて多様な社会組織を発展させる　④各方面の利益を考慮して統一した社会メカニズムを構築し、社会の矛盾を調整する　⑤社会の危機管理能力を引き上げ、社会コストを削減し、各種の社会リスクに対応する　⑥社会の治安維持システムを健全化し、社会の安全と秩序を守る。すべての人民が必要に応じて教育、労働、保健医療、介護福祉、住居の保障を得られるよう、中国の特色ある社会管理の体制をイノベーションして整備し、社会の安定という大局を維持し、社会の秩序を守る。

五、まとめ

わかち合いの発展理念が行き渡った社会こそ、共産党の指導下で全人民が築こうとしている中国の特色ある社会主義近代化の社会である。それは近代化の要素が絶えず吸収、拡散、伝播、応用されるプロセスであり、社会全体を常に近代化させる。それは社会主義的要素が絶えず発展、イノベーション、拡散、わかち合いを遂げるプロセスであり、社会全体を公平、正義、平等の方向へ向かわせる。さらに、それは近代化された伝統文化と歴史資源を有する中国式のイノベーションであり、集団式の、全人民による、数世代にわたるイノベーションである。中国のこれまでたどってきた歴史は独特なものであった。国情も独特であり、発展の道はさらに独特であった。おそらく未来の社会主義社会もきっと独特であり、それはさらに美しいはずである。

党中央は第十八期五中全会において、「人民の主体的地位の堅持」を全面的な小康社会実現という目標達成のために順守すべき六大原則のトップに掲げ、わかち合いという重要な発展理念を打ち出した。そして、「人民のための、人民に依る、人民が成果をわかち合う発展」を提唱し、ともに発展し成果をわかち合う中で、すべての人民に「獲得感」を味わわせることを指示した。これは全人民の「共同富裕」という社会主義の本質をよく表すものである。また、二〇二〇年目標の全面的な小康社会の実現は、人民が「共同富裕」へ向かう道の重要な一里塚となるものである。第十三次五カ年計画の期間、わかち合い型発展の過程で人民の主体的な地位を突出させるために重要なことは、貧困脱却、教育、就業、社会保障などの足並みをそろえ、民生のコンビネーションブローをうまく打つことである。そして、人民の最も関心のある身近な利益の問題を真の意味で解決し、より多くの人民の根本的な利益を実現し、維持し、発展させることである。

(1) 康有為『大同書』(北京、中国画報出版社、二〇一二年一月)。一九四九年の毛沢東同志の引用がある。「孔子にとっても、また康有為や孫文にとっても『大同世界』はただのユートピアに過ぎず、『そこに至る道を見いだすことはできなかった。資産階級による共和国は国外にはあったが、中国ではあり得ない。なぜなら、中国は帝国主義による圧力を受けた国であるから、労働者階級が指導する人民共和国こそが唯一の道なのである』」毛沢東「論人民民主専政(人民民主主義独裁について)」(一九四九年六月三十日)『毛沢東選集』二版、第四巻、一四七一頁、北京、人民出版社、一九九一年

(2) 習近平『第十八期五中全会第二回全体会議での演説(抜粋)』『求是』二〇一六年第一期

(3) 胡錦涛「中国社会主義の偉大な旗を掲げ、小康社会の完全な実現のため力を尽くす――第十七回党大会での報告」二〇〇七年十月十五日

(4) 『二〇一五年中国人類発展報告』によると、国連開発計画は人類の新しい発展段階を社会革新により包括的な発展を促すことと定義した。包括的な発展が及ぶ程度と範囲により社会革新の段階は三つに分けられる。第一段階は経済成長を主とするが、包括的人類発展はまだ限定的である段階(十八~二十世紀初期)。第二段階は社会建設を主とする先進国による包括的人類発展の黄金期(一九二〇年代~一九七〇年代)。第三段階は包括的人類発展の分化期(一九八〇年代~現在)。

(5) 孔子の考えた理想社会とは以下のようなものである。「大道の行わるるや、天下は公と為し、賢と能とを選び、信を講じ睦を修む。故に人は独り其の親を親とするのみにあらず、独り其の子を子とするのみにあらず。老をして

終わる所有り、壮をして用うる所有り、幼をして長ずる所有り、矜寡《かんか》孤独廃疾《はいしつ》の者をして皆養う所有らしむ。男は分有り、女は帰する所有り。貨は其の地に棄てらるるを悪《にく》むも、必ずしも己の為にせず。是《これ》の故に謀《はかりごと》は閉じて興さず、盗窃乱賊《とうせつらんぞく》にして作《おこ》さず、故に外戸《がいこ》は閉じず、是を大同と謂う」『礼記』礼運。孔子は大同世界を理想の「ユートピア」とし、現実的には大同世界よりも一段低い「小康」社会を築くべきとした。

（6）康有為は、発達した資本主義は人類の最終目標ではないとし、目指すべきは「昇平世」とした。「昇平世」からさらに発展すれば大同が実現され「太平世」の段階へと進むが、ここでは一切の境界や格差がなくなり、人はみな平等で幸福である。「九界、国界、階級界、種族界、形界、家界、産界、乱界、類界、苦界」など格差をもたらし人を苦しめるものはすべてなくなる。康有為『大同書』瀋陽、遼寧人民出版社、一九九四年参照

（7）孫文『三民主義』漢文会館蔵書、一九二四年参照

（8）「彼らは大同に至る道を見いだすことはできなかった。資産階級による共和国は国外にはあったが、中国ではあり得ない。なぜなら、中国は帝国主義による圧力を受けた国であるから、労働者階級が指導する人民共和国こそが唯一の道なのである」というのが、一九四九年、新中国成立を目前に毛沢東同志が得た結論だった。「論人民民主専政（人民民主主義独裁について）」一九四九年六月三十日『毛沢東選集』二版、第四巻、一四七一頁、北京、人民出版社、一九九一年

（9）一九九五年十月、毛沢東同志の言葉。「われわれの目標はこの国を現在よりも発展させ、豊かに強くすることだ。現在わが国は豊かでもなく強くもない、ただの貧しい国だ。……このような制度、このような計画を実行することで少しずつ豊かで強い国となることができる。このような豊かさとは共同の豊かさであり、このような強さとは共同の強さである。……このような共同の豊かさとは不確かな未来ではなく確実に手に入れられるものである」「資本主義工商業社会主義改造問題座談会上での演説」（一九五五年十月二十九日）『毛沢東文集』第六巻、四九五～四九六頁、北京、人民出版社、一九九九年参照

（10）一九八〇年代初め、世界銀行経済視察チームは以下のようなレポートを公表。中国のこれまでの発展戦略および現在の体制はきわめて平等な社会を作り上げた。都市における収入の不均衡はそれほどひどいレベルではなく、極端な貧困はないといえる。革命後の十年、農村地区ではしかるべき対策により不平等と貧困の問題が大きく改善

されたが、その後の二十年で農村の収入分配はさらに不平等になるだろう。『中国：社会主義経済的発展（中国：社会主義経済の発展）』（中国語版）、北京、中国財政経済出版社、一九八三年

（11）『論語』の中の孔子の言葉。「吾が道は一を以って之を貫く」

（12）『易経』益卦、「天施《ほどこ》し地生じ、その益方《ほう》なし。およそ益の道は時とともに行われる」

（13）一九七九年十二月六日、日本の大平正芳首相との会談の際、鄧小平氏は以下のように述べた。われわれが実現しようとしている「四つの現代化」は、中国式の近代化である。われわれの「四つの現代化」の概念は、あなたがたの考えているような概念ではなく、「小康之家（小康レベルの生活）」である。「今世紀末」（二十世紀末―引用者注）までに「一人当たりGNP一千ドル」を達成しても、「中国はまだ小康状態なのである」鄧小平『中国本世紀的目標是実現小康（中国の今世紀の目標は小康の実現である）』第二版、第二巻、北京人民出版社、一九九四年、二三七～二三八頁

（14）鄧小平「貫徹調整方針、保証安定団結（方針を徹底的に調整し、安定と団結を保証せよ」（一九八〇年十二月二十五日）『鄧小平選集』第二版、第二巻、北京人民出版社、一九九四年、二三七～二三八頁

（15）一九八四年三月二十五日、日本の中曽根康弘首相との会談の際、鄧小平氏は以下のように述べた。一人当たりGNPを四倍の八百ドルにする。つまり、今世紀末までに中国に小康社会を構築する。この小康社会というのは中国式の近代化のことである。四倍、小康社会、中国式の近代化、これらはみなわれわれにとって新しい概念である」鄧小平「発展中日関係要看遠些（中日関係の発展は長期的に見るものだ）」（一九八四年十二月二十四日）『鄧小平選集』第三巻、北京人民出版社、一九九三年、五四頁

（16）一九八七年の第十三回党大会報告は、「小康レベル」の概念と目標をさらに明らかにした。二〇〇〇年までに一人当たりGNPの世界ランクを大幅に引き上げ、小都市と農村のほぼ全域における義務教育の普及、大都市における後期中等教育（高校）およびそれと同等の職業技術教育の普及を実現し、人民が現在より豊かな小康生活を過ごせるようにする。党中央文献研究室編『十三大以来重要文献選編（第十三回党大会以後の重要文献選集）』上巻、北京人民出版社、一九九一年、一六頁参照

（17）党中央文献研究室編『十三大以来重要文献選編（第十三回党大会以後の重要文献選集）』上巻、北京人民出版

社、一九九一年、一六頁

(18) 第十五回党大会では以下のことが決定された。現在から次世紀最初の十年(一九九七―二〇一〇年)は、第二段階の戦略目標を実現し、第三段階の戦略目標に向けてまい進する重要な時期である。次世紀を展望し、我々の目標は最初の十年(二〇一〇年)で、GNPを二〇〇〇年比で倍増させ、人民の小康生活にさらにゆとりをもたせ、比較的整備された社会主義市場経済体制を構築する。そして、さらに十年間努力し、結党百周年(二〇二一年)には国民経済をさらに発展させ、各制度をさらに整備する。次世紀半ばの建国百周年(二〇四九年)には、基本的に近代化を実現し、豊かで強大な、民主的で文明的な社会主義国となる。江沢民「第十五回党大会における報告」党中央文献研究室編『十五大以来重要文献選編(第十五回党大会以後の重要文献選集)』上巻、北京人民出版社、一九九九年

(19) 第十六回党大会の報告では、以下のことが決定された。二〇一〇年には、経済総量、総合国力、人々の生活を大きく一段階引き上げ、あとに続く十年のさらなる発展のために、良好な基礎を築く。二〇二〇年には、GDPを二〇〇〇年比で四倍にし、総合国力と国際競争力を著しく増強し、十数億の人口に恩恵の及ぶ、さらに高い水準の小康社会を全面的に構築する。今世紀半ばまでに基本的に近代化を実現し、中国を豊かで強大な、民主的で文明的な社会主義国とする。江沢民「全面的に小康社会を建設し、中国の特色ある社会主義事業の新たな局面を切り開こう――第十六回党大会における報告」党中央文献研究室編『十六大以来重要文献選編(第十六回党大会以後の重要文献選集)』上巻、中央文献出版社、二〇〇五年、一四~一六頁

(20) 第十七回党大会では、以下のことが決定された。二〇二〇年に全面的な小康社会建設の目標が実現されたあかつきには、この悠久な歴史をもつ文明の古国であり、発展途上の社会主義大国であるわが国は、基本的に工業化が実現し、総合国力が著しく増強し、国内市場規模が世界最前列の国となる。また、人民がさらに豊かになり、生活の質が明らかに改善し、生態環境が良好な国、人民がさらに民主的な権利を享受し、さらに高い文明的な素養と精神的な追及を有する国、各制度がさらに整備され、社会には活力があふれ、団結して安定を維持する国、対外開放がさらに進み、さらに親和力を有し、人類文明のためにさらなる貢献をする国となるだろう。胡錦涛「中国の特色ある社会主義の偉大な旗を掲げ、全面的な小康社会の建設という新たな勝利を奪取するために奮闘せよ―第十七回

党大会における報告」(二〇〇七年十月十五日) 新華社二〇〇七年十月二十四日北京発

(21) 胡錦涛「中国共産党結党九〇周年祝賀大会における演説」二〇一一年七月一日

(22) 一九四九年の『共同綱領』では「中華人民共和国内の各民族は一律平等である」と規定され、民族地域に自治制度が取り入れられた。すなわち「一体多元」モデルであり、単一制を前提とした多元である。これは民族の自治と地域の自治を有機的に結合させた制度であり、国家の整備と統一の保証に有利であり、中央政府の指導下における少数民族の自治の積極性の発揮にも有利である。一体は基礎であり、多元は一体のうえでの多元である。EUは「多元一体」モデルで、加盟国は主権国家であり、離脱の自由を持ち、一つの「疑似超大国」である。いわゆる一体は多元のうえでの一体であり、単一市場、単一経済といわれているが、通貨の半統合(十六カ国がユーロを導入)、多元的な公用語(二十四の公用語)、多元的な政治、多元的な財政、多元的な国防、多元的な外交など、実は「準一体」「半一体」なのである。

(23) 清華大学国情研究センター、胡鞍鋼、鄢一龍、魏星執『二〇三〇 中国:邁向共同富裕(二〇三〇 中国:「共同富裕」へまい進する)』中国人民大学出版社、二〇一一年、一〇頁

(24) 胡鞍鋼『中国:新発展観』浙江人民出版社、二〇〇四年

(25) 三種類の方法(為替レート法、現行レート:購買力平価法、現行価格:購買力平価法、一九九〇年米ドル価格)を使った筆者の予測によると、二〇二〇年には中国の一人当たりGDPは米国の二五—四〇%になる。(清華大学国情研究センター、胡鞍鋼、鄢一龍、魏星執『二〇三〇 中国:邁向共同富裕〔二〇三〇 中国:「共同富裕」へまい進する〕』中国人民大学出版社、二〇一一年一〇月、一一二頁、一三五頁)。国民のエンゲル係数は二〇一五年の三〇・六%から二七%前後に低下し、より一層富裕型の消費構造になる。

(26) 「中国農村貧困支援開発要綱(二〇一一—二〇二〇年)」により、二〇二〇年までの中国の貧困支援開発の支援対象に対する総合目標は「貧困支援対象が飲食と被服で憂えることのないようにし、義務教育、基本的な医療および住宅を保障する」ことである。「二つの憂いの解消、三つの保障」はその略称である。

(27) 国家統計局編『中国統計摘要 二〇一五(中国統計ダイジェスト版 二〇一五)』中国統計出版社、二〇一五年

(28) 胡鞍鋼、王紹光、康暁光『中国地区差距報告(中国地区格差報告)』遼寧人民出版社、一九九五年

（29）いわゆる第一世界とは中高所得水準を上回る上海市と北京市を指し、第二世界は低中所得〜中高所得水準の天津市、広東省、浙江省、江蘇省、福建省、遼寧省、第三世界は低所得〜低中所得水準の河北省、東北地区、華北中部地区、第四世界は低所得水準を下回る中西部貧困地区、少数民族地域、農村地域、辺境地帯を指す。胡鞍鋼編『地区与発展：西部開発新戦略（地区と発展：西部開発新戦略）』中国計劃出版社、二〇〇一年

（30）国連計画開発「二〇一五年人間開発報告書」国連、二〇一五年、表一

（31）国連計画開発「二〇一五年人間開発報告書」国連、二〇一五年、表一

（32）国際労働機関（ＩＬＯ）「二〇一四年世界社会的保護報告」によると、現在、比較的整った社会保障を受けられる人口は世界でわずか二七％であり、医療保障のない人口は約三九％、定年になっても退職金のない人口が約四九％、公的な失業保障のない労働者が七二％、労災保障のない労働人口が六〇・六％、年金のない高齢者が四八％いる。新華網転載国際オンラインニュース、http://www.xj.xinhuanet.com/2014-06/03/c_1110962069.htm、二〇一四年六月三日

第六章　安全の発展理念

中国発展の中心思想は人間の全面的発達を促すことだ[1]。人間とは十数億の中国人民全体でもあり、その一人ひとりでもある。安全の発展理念はこの中心思想を構成する重要な一要素である。十数億の中国人民全体からすれば、国家とその発展の安全は、最大の国家公共財である。個々人からすれば、安全は二義的なニーズであるが、ここにはきわめて基本的なニーズである身体、健康、家庭などの安全が含まれる。安定した社会、人民の幸福、豊かで強い国家、人類の平和は安全なくしてあり得ない。安全は呼吸に必要な新鮮な空気にたとえられるが、しかしそれは中国共産党およびその指導のもと人民政府が提供するものであり、自然がただで与えてくれるものではない[2]。

習近平主席が「現在、わが国の安全は内外ともにいまだかつてないほど多くの問題を抱え、また複雑化している」と強調したように、現在、中国の安全の概念はその内包、外延、情勢ともに激しい変化と複雑な局面を迎えている[3]。覇権主義、強権政治、テロ活動、金融危機、エネルギー危機、食糧危機、環境破壊、自然災害など世界的脅威が積み重なっている。またこれらの脅威はグローバル化や情報化により容易に連鎖反応を引き起こし、その影響は人、国ひいては世界中に及ぶ。

習近平主席がたびたび安全と発展の関係について説明し、新時代の安全の発展理念を唱えるのはこのためである。氏は「安全と発展は車の両輪。安全があってこそ発展があるのであり、安全が目指すものは発展である」とする。[4] ここには氏の、安全と発展の関係に対する深い理解と、現在の複雑な情況と大きな変化に対する理解を見て取ることができ、また、時代の変化および中国の発展の新たな条件が現れている。これは五大発展理念をさらに広げた、六大発展理念と言うことができる。

これは習近平主席の新しい発展理念の革新部分であり、「一つの中心、六つの発展」という言葉でまとめることができる。一つの中心とは「人民を中心とする」ということであり、[5]「人を基本とする」思想をさらに広げたものである。「六大発展理念」とは五大発展理念にさらに安全を加え、より万全を期したものである。

一、思想のよりどころ

安全に関し、わが国には豊かな思想のよりどころがあるが、それは大きく三つにまとめることができる。

中国の伝統文化を見てみると、今から二千年以上前の先秦時代、古人はすでに安全と危険、安全と発展に関し次のような考えを有していた。『易経』の「(君子は) 安《やす》けども危うきを忘れず。存すれども亡ぶるを忘れず。治まれども乱るるを忘れず」という名言である。[6] これは安定にありながらも危険を忘れてはならないという考えを、君子の行為を借りて主張するものである。そして更に注目すべきは、「君子は危牆《きしょう》の下に立たず」[7] という消極的な安全思想だけではなく、「之を其の未だ有らざるに為し、之を其の未だ乱れざるに治む」[8]とする積極的な安全思想が古代思想の中で説かれている点である。これは「其の未然に先んじるを防と謂う」[9]ということであり、予防に努めることで安全を図ろうとする思想である。すなわち、安全と危険、また安全と発展に関するこのような概括的思想は、わが国の貴重な歴史経験であり、また現在、この国の安全型発展を考える際の思想のよりどころとなるものである。

マルクス主義の弁証法的唯物思想は安全の発展理念の重要性とポイントをさらに科学的な角度から論じている。この思想によれば絶対的な安全というものはあり得ず、あるものが生まれた瞬間から危険は存在し、途中その危険性は大きくなったり小さくなったりするものの消えることはない。どんなシステムにおいてもあらゆる時間と空間の中に危険は存在する。安全性と危険性は一対ので、互いに対立、排斥、否定する関係にあり、一方が高まればもう一方は低くなる。しかし見方を変えれば、安全性と危険性は相互依存の関係にあり、ひとつの統一体の中で常に逆転する可能性を有している。そして、危険性を安全性へと転換するには必ず一定の代価を要するが、これは安全の必要コストである。危険を完全に取り除くことはできないが、システムのリスクマネジメント能力を絶えず高めることはできる。これから起こるかも知れない外的な衝撃に応じ、システムがみずから調整を行いバランスを回復するようにすることは可能である。

開発経済学の角度からすると、安全と発展の関係は経済学上さらに科学的な内容を持つものとなる。安全とは国によって提供される重要な公共物であり、強い正の外部性を持つ。安全がなければいかなる発展も継続し得ないと言ってもよい。また一方、効率的で優れた発展がなければ、国防力や社会システムを整備するためのコストを含む安全のためのコストを負担することができず、システム全体が脅威にさらされることとなる。

二、これまでの実践

第一段階（一九四九―一九七六年）の重点は国土の安全と軍事の安全であり、その特徴は安全が発展よりも優先され、発展は安全に奉仕するものであった。

建国初期の国内外の情勢は緊張状態にあり、中国の安全は大きな挑戦に直面していた。この時期、国土の安全と軍事の安全は国家の発展にとって極めて重大な課題であった。そのため、世界最強の覇権国家である米国の挑戦に直面し、ソ連からの支援のない中、毛沢東同志は「抗米援朝（米国と戦い、朝鮮を応援する）」戦略をとる決断を下した。この正義の戦い（朝鮮戦争）は軍事、政治、経済、外交における新中国と米国の力比べであり、世界最強国である米国の無敗神話を打ち崩し、米国に重い教訓を与えた[10]。その後、米国は中国を軽々しく挑発する行動を慎むようになり、中国は安定した平和的な国際環境を得た。長い目で歴史的に見ると、朝鮮戦争は中国に長期にわたる平和ボーナスと安全ボーナスをもたらしたことになる[11]。

しかし、安全ボーナスには代価がともなった。その後の国家発展戦略において、国防上の安全が高度に重視され、毛沢東同志の経済成長戦略における政策決定に直接の影響を及ぼし、安全が発展より優先され、発展は安全に奉仕するものと見なされるようになった。これには「重工業の発展の加速を通じて国防を強化する」[12]「三線建設」[13]などが含まれる。客観的にみて、こうした戦略は経済資源の配置を歪ませ、経済成長は安全のための代価を支払うことになった。しかしながら、中国の独立と安全のために重要な基礎を築いたことは確かであり、「安全のないところに発展はない」という真理の事実上の検証にもなった。また、外交政策の上でも、国土の安全と軍事の安全は核心思想となり、毛沢東同志は一九五〇年代に「向ソ一辺倒（ソ連を頼りとする）」、一九七〇年代に「一本の線」[14]などの外交戦略を打ち出した。これは毛沢東同志の安全保障戦略が国益を第一義とし、イデオロギーからも経済利益からも超越していたことを表している。毛沢東同志は情勢を考慮して臨機応変に対応し、優先的に国家の安全を確保し、朝鮮戦争以後の国内経済のために安全な国際環境を創出し、そこから硬直した中米関係が改善され、その後の対外開放のための窓が開かれた。

少し説明が必要なのは、この時期の毛沢東同志は政治の安全もまた最優先の位置に置いていたことである。国内で資本主義が復活することを懸念し、「階級闘争をもって綱《かなめ》とせよ（階級闘争絶対化）」という基本戦略を党として打ち出した。これは以下の毛沢東同志による「四つの存在」を基礎としている。「社会主義社会は相当長期にわたる歴史の段階である。この歴史の段階においては終始、階級、階級矛盾、階級闘争が存在し、社会主義と資本主義の二つの道の闘争が存在し、資本主義復活の危険性が存在し、帝国主義による転覆と侵略の脅威が存在する」。客観的にいえば、毛沢東同志のいう第四の存在はたしかに客観的存在ではあるが、階級闘争絶対化を党の基本路線としたことは深刻な誤りであり、実践において必然的に階級闘争の拡大化を招き、結果的に「文化大革命（一九六五年から約十年間、毛沢東の提起により展開された中国革命の徹底運動）」を招くことになった。一九八一年の中国共産党第十一期中央委員会第六回全体会議（以下、第十一期六中全会）の「建国以来の党の若干の歴史問題についての決議」によると、「社会主義社会の階級闘争に関する毛沢東同志の理論と実践上の誤りは、その後、発展してますます深刻化」し、「文化大革命」を生じさせる大きな要因となった。そのため、第十一期三中全会では、この「階級闘争をもって綱とせよ」という社会主義社会にそぐわないスローガンの使用を禁じ、重点を社会主義「現代化」建設へシフトした戦略措置が取られることになった[15]。

第二段階（一九七七―一九九一年）では重点は依然として政治の安全にあったが、「安全は発展より優先される」から、「安全は発展を保障し、発展に奉仕する」に変わった。この転換こそ、鄧小平同志が改革開放を提唱してすぐに「一つの中心（経済建設）、二つの基本点（四つの基本原則と改革開放）」という党の基本路線を旗幟鮮明に打ち出した理由である。鄧小平同志は社会主義の堅持、人民による民主独裁の堅持、共産党の指導の堅持、マルクス・レーニン主義と毛沢東思想の堅持という四つの基本原則を強調し、建国の基礎である四つの基本原則を社会主義「現代化」建設の全過程で堅持せよと主張し、ブルジョア階級の自由化に反対した。これは国家の最大の公共財である政治の安全を確保し、それにより社会の安全と国家の安全を保障するためであった。

改革開放後、中国は国際情勢に対する鄧小平同志の深い洞察に基づき、毛沢東同志の「第三次世界大戦不可避論[16]」を修正し、「二十年平和構想」を打ち出し、「平和な国際環境を創出し、国内の経済建設に奉仕する[17]」ことを定めた。この思想は対外開放戦略のために重要な基礎を築いた。鄧小平同志の国家の安全に対する認識と政策は、安全で発展を保障し、安全で発展を創出することであった。筆者たちが真の「中国の大戦略」と称するそれは、中国の核心となる国家利益と長期にわたる根本的な利益を反映し、ダイナミックで先見性に富んだ戦略構想である。

一九八〇年代に入ると、国際情勢に重大な変化が生じ、政治の安全は中国の安全にとって最も突出した課題となった。「和平演変（平和的手段による政権転覆）」をもくろむ海外の敵対勢力が中国の欧米化、分裂化をはかり、さまざまな潜入、破壊工作を活発化させ、中国の政治の安全は深刻な脅威にさらされた。そのため、鄧小平同志は「国家の主権、国家の安全を終始第一に置くべきだ」と主張し、当時の国内外の動乱について、「この点は以前よりもはっきりしている。西側の一部の国がやれ人権だ、やれ社会主義制度は不合理だ、違法だなどというのは名目に過ぎず、実際のところはわれわれの国権を侵害しようとしているのだ[18]」と指摘した。さらに重要なのは、これを基礎として、鄧小平同志は国家の発展における安全の基礎性と外部性を論証し、「中国が貧困から脱却し、『四つの現代化』を実現するために、最も鍵となるのは安定である[19]」と指摘した。このときの演説は「四つの現代化」と国家の発展における安全の基礎的な意義を説き、安全と発展の弁証法的関係をさらに一歩進めて明らかにした。まさにこの思想の指導のおかげで、中国は旧ソ連や東欧諸国の激変による荒波と国内外からの厳しい圧力に直面しても、社会主義制度をしっかりと堅持し、平和的手段による政権転覆を防ぎ、「敵に幾重に包囲されても微動だにしない[20]」でいられたのである。これは中国にとって改革開放後の最大の安全ボーナスであり、安定ボーナス、発展ボーナスである。

第三段階（一九九二─二〇一二年）の重点は経済の安全と社会の安全であり、安全という概念の外延が拡大し、発展の過程で絶えず安全に関する問題を解決した。

二十世紀末から今世紀初頭にかけて、国際的な政治情勢はとらえどころがなくなり、米国などの西側諸国は「人権は主権を上回る」と新介入主義のスローガンを提唱し、自身の覇権主義と強権政治のための理論的根拠とした。中国の政治の安全と軍事の安全は再び挑戦を受けたが、江沢民同志を核心とする党中央は基本路線である「一つの中心、二つの基本点」を堅持し、社会主義の基本制度を堅持し、中国の発展はさらなる安全ボーナスを得た。また、経済の急成長にともない、経済と社会の安全も中国の安全にとって核心要因となった。経済の安全では、中国は一九九八年の通貨危機を成功裏に切り抜け、経済の高度成長を維持した。社会の安全では、社会保障制度の建設を通じて、経済体制改革のもたらした雇用と社会保障の問題を徐々に解決し、就業の奇跡を生み、大規模な失業者の雇用問題を解決した。

二〇〇五年八月、胡錦涛主席は安全という発展理念を初めて打ち出した。同年、第十六期五中全会では、「安全の発展理念」を初めて五カ年計画の重要な指導原則の一つと位置づけ、中国の安全型発展にとって一里塚の道しるべを打ち立てた。二〇〇七年の第十七回党大会では、「安全の発展理念を堅持し、生産の安全管理と監督を強化し、人民の生命と財産の安全を保障する」ことが採択され、安全型発展と経済成長の内的関係がより一層豊かなものとなった。二〇〇八年の中国共産党第十七期中央委員会第三回全体会議（以下、第十七期三中全会）では、安全の発展理念を実現できるかどうかが党の国政運営能力を測る重大な考課であることが強調された。二〇一二年、国務院は安全発展戦略を初めて打ち出し、大事故の発生を未然に防ぐために生産の安全管理および監督を強化することにした。全体からみると、これも狭義の安全発展戦略である。

第四段階（二〇一三年―現在）では、習近平主席が安全型発展の二大イノベーションを実現した。第十八回党大会以後、習近平主席はこれまでの中国の安全型発展の経験と教訓を参考、吸収、総括したうえで二大イノベーションを行った。一つは新たな安全の理念の確立である。すなわち総体的国家安全観を堅持し、人民の安全を主旨とし、国内外の二つの大局を統一して計画し、国際的な安全保障と国内の安定維持の二つの安全を統括するようにした。[21]もう一つは国家安全委員会を設置し、国家安全システムを構築した。この二大イノベーションにより、国家安全発展戦略が策定された。

理念のイノベーションでは、習近平主席は安全の発展理論を詳細に説き、安全と発展の関係を明らかにし、核心概念である安全を定義づけ、内包を充実させ、安全の発展理念を集大成した。習近平主席は安全と発展の弁証法的関係を解き明かし、「安全は発展の保障であり、発展は安全の目的である」[22]と指摘した。これはわれわれに安全と発展を動的に結びつけ、両者をともに展開させることを求めている。安全は決して不変を意味せず、扉を閉めてそのままこもっていればよいわけではない。発展の過程において、新たなバランスを創出し、人間の能力を切り開き、人々の生命や自由の安全を保障していかねばならない。発展のない安全は「無源の水（水源のない川）」である。同様に発展にも安全による保障が必要である。これは私たちに「安《あん》にして危《き》を忘れず」を要求する。いかなる発展も安全を犠牲にしてはならない。安全のない発展は「無本の木（根のない木）」でしかないのである。

習近平主席はまた、安全は相対的なものであると十分認識しているが、それぞれの安全によって結果が異なることから、安全型発展の受動型から能動型への転換を推進している。すなわち「事物が生成する前にこれを解決し、複雑化しないうちにこれを治める」[23]である。これについて、習近平主席は党が永遠に不敗の地に立っていられるよう、全党員に常に「憂患意識（危機意識）」を持って「先手を打つ」ことの大切さを繰り返し説いている[24]。

習近平主席の総体的国家安全観[25]、レッドライン意識[26]（越えてはならない一線を明確に意識すること）、アジア新安全保障観[27]などの理論の説明は、安全の発展理論の内包を豊かにした。特に「政治、国土、軍事、経済、文化、社会、科学技術、情報、生態環境、資源、原子力の分野における安全の一体化」という総体的国家安全観は、国家の安全を明確に定義し、安全の範囲を生態環境、資源、科学技術などの分野にまで拡大した。

体制のイノベーションでは、第十八期三中全会以降、党中央は習近平同志を主席とし、李克強同志と張徳江同志を副主席とする国家安全委員会を設置した。同委員会は国家安全活動の意思決定と議事を担当する機関として、国家の安全にかかわる重大事項と重要活動を統括する。これは体制メカニズムの面から安全型発展の意思決定およびその執行を保障するもので、「集中、統一、高効率、権威」の国家安全指導体制を形成し[28]、国内と国外の二つの大局と事務を効果的に統括し、発展の全局面において安全の地位を極限にまで高め、安全を脅かす危機や挑戦に対峙した際の臨機応変な対応力を増強し、中国の安全のために大きな制度ボーナスを創出した。

三、安全の発展理念が求めるもの

習近平主席による新たな安全の発展理念は「一つの中心、二つの価値」から構成されている。一つの中心とは、安全は人民を中心とし、人民の安全を主旨とすることであり[29]、二つの価値とは、安全の核心的価値と道具的価値を指す。

まず、安全はそれ自体が発展の核心的価値であり、他の有価値の事物との関係を通じてその価値を示す必要がなく、また他の有価値の活動に促進作用を及ぼすことで重要性を示す必要もない。あらゆるシステムやその構成部分にとって、生存、健康の維持は第一義であり、いかなる発展もこの価値を超えるべきではなく、また超えることはできない。この点、習近平主席の安全の発展理念は終始「人民を中心とする」ことを堅持し、人の安全が出発点であり立脚点である。安全は発展の過程で内在的に安全性という価値を含んでおり、システムの安全と人間の基本的な安全を犠牲にして、いたずらに成長や拡大を追い求めてはならず、また発展のシステム全体の安定性を確保したうえで、発展は環境の不確実性からくる衝撃に対して自ら調整し、バランスを回復していくことができる。

次に、安全は極めて高い道具的価値を有する。道具的価値のイメージは天下泰平と長期安定である。これは、発展における最大の公共財である安全が、発展のシステムにおいて極めて強い外部性を持つことからくるものである。他の発展理念であるイノベーション、グリーン、調和、わかち合い、開放のいずれにとっても、安全は欠くことのできない前提であり保障である。人類の進歩と発展はシステムの安全の基礎のうえに成り立つと、歴史は繰り返し証明している。この点からいえば、安全には発展手段としての道具的役割がある。この道具的役割は直接安全が体現するものではないが、安全を通じて他の発展理念に関係したり、その実現を促進したりして、より一層多くのものが間接的に体現される。

総じて、安全の発展理念は発展の過程において、また開放の条件のもとで追及されるべき積極的な安全観である。安全は発展の重要な目的であり、発展の促進に不可欠な手段でもある。発展の過程において、システムの安全と人間の基本的な安全を犠牲にしてはならない。われわれが求められているのは、発展の過程で安全がその他の発展を促すような総合的、全面的かつ持続可能な発展なのである。

四、主要分野における展開

中国の発展に対する思想は科学的、系統的であるだけでなく、さらに実行可能性と実用性を有している。中国において発展は絶えず実践を総括し、そこからさらに実践を指導していくものである。安全型発展でいえば、「天の時」「地の利」「人の和」の創出に尽力しなければならない。

政治の安全は中国の発展にとって根本的な保障であり、人民の民主独裁という基本的な政治制度は発展にとって最大の「天の時」である。政治の安全は国の安全の核心的所在であり、政治の安全とは党の指導的地位を終始堅持し、党の基本路線である「一つの中心、二つの基本点」を堅持することである。この点を怠って必要な闘争を放棄してはならない。党規約に「国内的要因と国際的影響により、階級闘争はなお一定の範囲内で長期存在し、すでに主要な問題ではなくなっているが、場合によっては激化する可能性もある」とあるが、これはなぜ中国が政治の安全を維持する最低ラインを死守しなければならないのか、なぜ党の指導的地位に挑戦する勢力、人物、影響に対して憲法に従って措置を講じ、迅速に対応し、断固として闘わねばならないのかを説明している。

政治の安全を維持することの根本は、憲法によって定められた政治制度を擁護し、中国の特色ある社会主義の道、理論、制度、文化に対する全人民の自信を増強し、もって国家体制メカニズムの安全と安定、柔軟性を保障することにある。具体的には、政治の安全のために国家安全保障体制メカニズムをさらに整備し、国の政権と主権の安全を保障し、部門や地域の枠を取り払って協力するメカニズムを確立する。政権転覆をもくろむ敵対勢力の潜入、破壊工作、暴力的なテロ活動、民族分断工作、過激的な宗教活動を法により未然に防ぎ、厳しく取り締まる。テロ対策の力を強め、国の安全のための立法を強化する。また、世界的にグローバル化の流れが加速し、中国の国力が不断に向上していることを受け、基本的な政治の安全と国土の安全を守るため、中国も世界のパブリックセーフティ（公共安全）に積極的に関わるべきであり、あらゆる形式のテロに反対し、国連の平和維持活動に積極的に支援、参画し、拡散防止の国際協力を強化し、ホットでセンシティブな問題の調整に加わり、国際通航路の安全を共同で確保する。さらに、多国間および二国間協力を強化し、グローバル・サイバースペースのガバナンスに参画し、グローバル・サイバーセキュリティを確保する。

国土、経済、生態系の安全はすべての発展の基礎であり、良好な経済環境と生態環境は発展の最大の「地の利」である。経済の安全においては、経済と安全の弁証法的関係を重視し、発展で安全のレベルを引き上げ、安全で発展の質を保障しなければならない。具体的には、経済の安全には農産物の安全の向上も含まれるので、穀物のほぼ自給と食糧の絶対安全を保障する。戦略的資源、基幹産業、財政金融、国際資本移動などの分野における国家経済の安全を保障する。安全に関する重大事故を効果的に防止し、ＧＤＰ原単位当たり生産安全事故死亡率など拘束性指標を設定する。生態系の安全では、発展が生態環境の破壊を招かないよう特に注意し、自然システムのリスクに対する人間の対応を強化する。具体的には、生態系の安全には生態系安全保障メカニズムの整備も含まれるので、水の安全保障を強化し、防災の力を増強し、一次エネルギー消費総量、ＣＯ^{2}排出総量、農工業用水総量、主要汚染物質排出総量のレッドライン、災害死者数などの指標を設定する。

社会、文化、科学技術、情報の安全は発展の重要な目標であり、最も「人の和」を必要とする。

安全は今や従来の軍事や政治の領域を超え、科学技術、文化、社会など多くの分野にまたがっている。そのため、新たな時期における安全は各分野の安全を総合して考慮し、制度とメカニズムを通じて各分野、要素、階層における安全を統一し、社会、文化、サイバーの安全をもって保障とし、安全型発展の枠組みを構築する。社会の安全においては、パブリックセーフティのシステムをさらに整備し、治安（人口一万人当たりの刑事犯罪率）、交通安全（人口百万人当たりの交通事故死亡率）、生活安全（GDP原単位当たりの生産安全事故死亡率）などの指標を設定する。文化の安全においては、文化メカニズムの構築を強化し、国の文化の安全を確実に保障する。科学技術の安全においては、技術革新のけん引力を重点的に強化し、技術革新の力を高める。情報の安全においては、サイバーセキュリティと情報化の発展を統一して計画し、国家サイバーセキュリティ保障システムを整備し、重要な情報システムとデータ資源の保護を強化し、サイバー・ガバナンスの力を高め、国家機密の安全を保障する。

五、まとめ

安全の発展理念は中国が発展の実践で得た最も重要な理念であり、社会の発展法則の総括でもある。安全の発展理念の本質的な要求は天下泰平であり、人心の安定である。人心が安定すると、各種産業が繁栄し、人々はわれもわれもと率先して動くようになる。人々にそのような積極性が生まれれば、世の中を大きく変革することができ、天下泰平と長期安定を実現することができる。

総じて、第十一期三中全会で「一つの中心、二つの基本点」という党の基本路線が打ち出されてから、中国は改革開放という偉大な行程を歩み始め、中国の歴史にとって、ひいては人類の歴史にとって、偉大な発展の奇跡を生むことになった。これは中国のすべての人が認めるところであり、世界からも注目を浴びた。第十八回党大会以後に習近平主席により掲げられた「人民を中心とする」という発展ビジョンと「六大発展」という新発展理念は、党の基本路線の継承、革新、発展であるだけでなく、二つの百年目標と中華民族の偉大な復興へ向かう道のりを先導し、後押しするものである。

（1）胡鞍鋼「『十三五』規劃的核心理念是促進人的全面発展（第十三次五カ年計画の中心理念は人の全面的発達を促すことだ）［J］」紅旗原稿、二〇一五（二三）：四―六
（2）胡鞍鋼「天下大治是最大的公益産品（安定した社会は最大の公共財である）」人民日報、二〇一三年三月六日
（3）「習近平主席による中央国家安全委員会第一回会議上での演説」新華網、二〇一四年四月十五日
（4）「第二回世界インターネット大会開幕式上での習近平主席によるテーマ講演」二〇一五年十二月十六日
（5）「習近平主席が議長を務める党中央政治局会議上の『国の安全対策強化に関する意見』の審議」新華社二〇一六年十二月九日北京発
（6）『周易』繋辞下
（7）『孟子』尽心
（8）『道徳経』中華書局、二〇一一年一月一日
（9）『中鑑』
（10）中共中央党史研究室『中国共産党歴史（一九四九―一九七八年）』第二巻、中共党史出版社、二〇一一年、八八頁
（11）胡縄編『中国共産党的七〇年（中国共産党の七〇年）』中共党史出版社、二〇〇四年、三〇四頁

(12) 一九五三年九月八日、周恩来同志は以下のように指摘した。「第一次五カ年計画を実施したときのソ連は、重工業の基礎がわれわれよりもあったが、さらに力を集中させて重工業を発展させた。基礎のあまりないわれわれは、(ソ連よりも)さらに力を集中させて重工業を発展させねばならない。国防産業は重工業の基礎のうえに発展するものである。われわれはまだタンカーや飛行機、自動車、トラクター、高性能な大砲を製造できない。ソ連は一九二八年に計画建設を始めたが、当時はまだ多くの資本主義国がソ連に機器を売っていて、国際情勢はそれほど緊迫していなかった。ヒトラーはまだ表舞台に現れず、段取りを踏んで事を進めることができた。しかし、現在のわれわれの状況は当時のソ連とは違う。われわれは国防強化のために、さらに重工業の発展を加速せねばならない」周恩来「過渡時期的総路線(過渡期の総路線)」(一九五三年九月八日)『周恩来選集』下巻、人民出版社、一九八四年、一〇九~一一〇頁

(13) 戦争の危険性が高い沿海部、東北部を一線とし、危険性が低い内陸部を三線、その中間を二線とし、中国が全面的核戦争に突入することを想定したうえで、万が一沿海部が壊滅状態に陥っても内陸で抗戦できるように、内陸に軍需工場を建設し、さらに沿海部の工場、技術者を戦火から避けるために内陸に移転させ、後方基地建設をすめること。

(14) 一九七三年二月、訪中した米国のキッシンジャー国家安全保障問題担当大統領補佐官に対し、毛沢東は米国と共同でソ連に対抗する「一本の線」戦略構想を提起し、以下のように語った。「緯度をもとにした一本の横線上にある米国、日本、中国、パキスタン、イラン、トルコ、欧州が協力して、あの『王八蛋(=野郎)』(ソ連を指す)に対抗しよう」「キッシンジャー氏との会見における毛沢東の談話」(一九七三年二月十七日)宮力等編『従解凍走向建交(解凍から国交回復へ)』中央文献出版社、二〇〇四年、二〇三頁

(15) 「建国以降の党の若干の歴史問題についての決議」一九八一年六月二十七日、第十一期六中全会にて採択。

(16) 『毛主席関于三個世界劃分的理論是対馬克思列寧主義的重大貢献(毛主席の三つの世界論はマルクス・レーニン主義に対する重大な貢献である)』

(17) 一九七七年九月十四日、日本の新自由クラブ訪中団との会見の際、鄧小平同志は以下のように語った。「国際情勢が大きく変化し、古い概念や公式の多くが現実を反映できず、以前の戦略や規定も現実にそぐわなくなっている。

われわれは再度表明する。われわれは平和的な環境を必要としており、少なくとも今後二十三年間は戦争を望んでいない。二十三年間というのは二十世紀の終わりまでである。そのときには、われわれは先進的なレベルに達し、世界レベルを超えないまでも、少なくとも追いつき、近づいているだろう。世界は前進しており、特に科学技術の分野は目覚ましく発展しているが、おそらくわれわれのある分野は世界の先進レベルを超え、より多くの分野は世界の先進レベルに近づいているはずである。それゆえ、われわれには平和的な環境が必要なのである。党中央文献研究室編『鄧小平年譜（一九七五―一九九七年）』上巻、中央文献出版社、二〇〇四年、二〇〇～二〇一頁

(18) 鄧小平『国家的主権和安全要始終放在第一位（国家の主権と安全は終始第一に置くべきだ）』一九八九年十二月一日

(19) 鄧小平『国家的主権和安全要始終放在第一位（国家の主権と安全は終始第一に置くべきだ）』一九八九年十二月一日

(20) 毛沢東『西江月・井崗山』一九二八年秋

(21) 「習近平主席を議長とする党中央政治局会議にて『国家安全工作の強化に関する意見』を審議」新華社二〇一六年十二月九日北京発

(22) 「第二回世界インターネット大会における習近平主席の演説」二〇一五年十二月十六日

(23) 『道徳経』中華書局、二〇一一年一月一日

(24) 習近平「党の群衆路線教育実践活動総括大会における演説」人民日報、二〇一四年十月九日

(25) 「中央国家安全委員会第一回会議における習近平主席の演説」新華網、二〇一四年四月十五日

(26) 「安全生産活動の良好な実施に関する習近平主席の重要な指示」人民日報、二〇一三年六月八日

(27) 「アジア相互協力信頼醸成措置会議第四回サミットにおける習近平主席の演説」二〇一四年五月二十一日

(28) 「習近平主席を議長とする党中央政治局会議にて『国家安全工作の強化に関する意見』を審議」新華社二〇一六年十二月九日北京発

(29) 「習近平主席を議長とする党中央政治局会議にて『国家安全工作の強化に関する意見』を審議」新華社二〇一六年十二月九日北京発

第七章　中国独自の発展の道

「周は旧《ふる》き邦《くに》なれども、受けし天命こそ新たなれ」(1)。中華文明は悠久の歴史をもつ古い文明でありながら、活気あふれる新しい文明でもある。(2)中華民族はある意味、歴史の巨人であり、立っても横になっても、栄えても衰えても、終始世界の巨人である。(3)偉大な中国人民は、よりよい生活を送り、幸せになりたいという夢を持っている。偉大な中華人民共和国は、中国の特色ある社会主義の近代化という目標を持っている。偉大な中国共産党は、「中国の夢」—中華民族の偉大な復興—を実現する歴史的使命を背負っている。

社会主義の中国は長期にわたる近代化の長い行程において独自の道を模索してきた。それは旧ソ連の道の踏襲ではなく、欧米諸国の資本主義の道の真似でもなく、中国の特色ある社会主義の道である。そして、国情を見据え、世界の先進的な思想を取り入れ、独自の開発経済学と発展観を生み出した。

「中国の道」というこの歴史的命題を最初に提起したのは毛沢東同志である。一九五六年の毛沢東同志の演説「十大関係論」をメルクマールとして、中国はソ連モデルから離れ、独自の道を歩もうと新中国建国以後七年間の経済発展の経験を総括した。(4)これは毛沢東同志にとって初歩的な模索であった。さらに毛沢東同志はこう指摘した。「他国の経験をそっくり真似るとひどい目に遭う。真似は必ず騙される。これは重要な国際上の経験である[5]」

真の意味で「中国の道」を切り開いたのはやはり改革開放の総設計師、鄧小平同志であろう。鄧小平同志は一九八二年の中国共産党第十二回全国代表大会（以下、第十二回党大会）で以下のように指摘している。「われわれの『現代化』建設は中国の実際から出発しなければならない。革命にせよ、建設にせよ、外国の経験に学び、それを参考とするよう心がけることは必要である。しかし、他国の経験、他国の様式をそのまま引き写して成功したためしはない。われわれはこの面で少なからぬ教訓を得ている。マルクス主義の普遍的真理をわが国の具体的事実と結びつけ、独自の道を歩み、中国の特色を持つ社会主義を建設すること、これが長期にわたる歴史的経験を総括して得たわれわれの基本的結論である[6]」

その後、歴代の指導者たちは、終始この道に沿って常に模索、実践、総括、イノベーションを行ってきた。

「真の知は実践から生まれる」。このことは、真の知である認識と理論が「実践の中から」生まれ、再び「実践の中へ」戻ることを意味している。毛沢東同志の言うように「認識は実践から始まり、実践を経て理論的に認識され、また実践へと戻っていく。認識の作用は感性的認識から理性的認識へという能動的な飛躍によって表されるが、さらに重要なのは理性的認識から革命の実践へという飛躍によって表されることである[7]」。道の過程には成功も失敗もある。毛沢東同志はこう言っている。「一般的に、成功したものは正しく、失敗したものは誤りである[8]」。実践は真理と正しさを検証する基準であり、でたらめな理屈と誤りを検証する基準である。

　われわれは偉大な国に身を置き、偉大な時期に遭遇している。中国の成し遂げた奇跡の裏側にある特殊な経済社会の背景と独創性あふれる発展の道を十分理解しなければならない。奇跡はいかに生まれ、何をきっかけとし、なぜ続いているのか。この問いかけに答えられなければ、真の意味で「中国の特色ある」「中国の道」を切り開き、中国の発展理論と開発経済学を自主イノベーションしたと言うことはできない。

「中国の道」の成功は、その普遍性と特殊性を把握したうえで独特の理論を展開したことにある。中国の発展の道には普遍性と特殊性の両方が存在する。基礎は普遍性の把握であるが、一国の成功にとってより重要なのは特殊性である。また、対立と統一の弁証法的関係を把握したうえで「和合論」を重視した。事物の発展には対立や衝突がつきものであるが、われわれは常に統一と結合を促して双方を互いに結びつけ関係させ、双方の矛盾の融合や同化を図ってきた。

　和合思想は、始めに統一された全体がある。この全体はよく「一」「道」「理」「性」「太極」「太和」などの概念で表される。和合哲学は双方の矛盾の融合により事物の矛盾を解消する哲学であり、「一生二（一から二が生まれる）」哲学である。

「一陰一陽これを道と謂う。之を継ぐ者は善なり。之を成す者は性なり」[9]。筆者たちは中国という東洋の巨人の特徴および内在するメカニズムについて、二つの頭脳（一つは党中央・国務院、もう一つは外部のシンクタンク）、二本の手（政府と市場）、二本の足（国有経済と私営経済）、二つの積極性（中央と地方）[10]という表現でまとめてみた。

　一、巨人には自身の頭脳のほか、外部にも頭脳がある。建国後、中国の意思決定メカニズムは大きく変わった。重大な意思決定が科学的に民主化、制度化され、失策が著しく減り、そればかりか失策を随時修正することができるようになった。目下、外部のブレーンやシンクタンクは徐々に増え、発展しつつある。特に近年では、大学などが「政策研究に参画し、シンクタンクとブレーントラストの役割を積極的に果たし、党と国の科学的、民主的な意思決定のために貢献する」[11]ことを、政府が積極的に奨励している。一つの頭脳しか持たなかった頃より、二つの頭脳を持つようになった巨人はさらに知恵を持ち、賢くなった。

二、この巨人は「見えない手」と「見える手」を持っている。政府の手と市場の手という「二本の手がしっかりつかむ」ことを堅持し、二本の手を併用し、力を合わせ、「両手とも強靭《じん》である」が柔軟で、「両手とも自由に動く」が統率されている。この二本の手により中国経済は終始活力と創造力を保ち、マクロ経済の基本的な安定を維持し、国内外のいかなる衝撃に対しても「しっかりと自身で立って微動だにしない」でいられるのである。

三、この巨人には「右足」と「左足」がある。大国である中国の社会は多元的で多様であり、差異も規模も非常に大きく、伝統と現代、後進と先進が併存する。そのため、一九五八年、党中央は社会主義の建設にあたり、「二本の足で歩む」方針を現実的、革新的に定めた[12]。改革開放後の約三十年間で中国は「二本の足で歩む」方針をさらに発展させ、農業部門と非農業部門、工業化と情報化、国有経済と非国有経済、大中型企業と小型零細企業、中国企業と外資企業、公式経済と非公式経済、労働集約型産業と技術集約型産業、沿海部と内陸部、経済建設と社会建設、「誘致」と「進出」などの「二本の足で歩む」施策を実施した。筆者からみると、それは巨人の「二本足」である。「一本足」ではなく、共存と調和を必要とする「二本足」。これもまた、中国がなぜ急成長を遂げたのか、発展の奇跡を説明するものである。

四、この巨人は「二つの積極性」によって国と地方を統治する。中央と地方の二つの積極性を発揮させ、全国の利益と地方の利益の衝突を効果的に解消するため、中央と地方の機能分担を明らかにし、意思決定は中央、計画は国家、指導は部門、責任は省級政府、実施は地区・県の市級政府（中国の行政区分は「省」「地区」「県」「郷」の四段階制度）という分担協力システムと誘因両立性メカニズムを構築した。これにより、力を集中させて事にあたるという社会主義の優越性を発揮できるようになり、「一方に困難があれば、八方が支援する」体制が実現した。また、地方が創造性を発揮できるようになった。中央は地方を信頼し、地方を頼みとして事業を展開し、地方の変革を支援し、誤りがあれば正すようサポートし、地方の発展を指導するようになった。

新たな発展理念は、新たな時期における社会主義の建設法則や社会の発展法則、党の国政運営法則、中国の世界的地位および役割について、党の認識が新たな高みに到達したことを表している。また、党および国の情勢とマルクス主義との結びつきが新たな高みに到達したことを表している。人民を中心とし、人間の全面的発達を促進するという国政運営理念はすでに中国共産党の政治コンセンサス、政治綱領となっており、全党、全軍、全国を指導する重要な指導方針であり、重大な戦略思想となっている。

新たな発展理念は、課題によって導かれると同時に目標によって導かれる。立脚点は差し迫ったさまざまな難問の解決であり、着目点は今後の発展目標である。

イノベーションの発展理念は経済の発展法則と新たな動力を表し、党中央が経済の発展法則をしっかり理解していることを表している。現代の経済発展の法則として、各国または地域は発展段階に応じて、それぞれ発展のための駆動力を持っている。概括すると、低所得段階は土地、資源、エネルギー、労働力など生産要素による駆動である。中所得段階は資本要素による駆動で、国内貯蓄率、投資率、投資規模が重要になる。やや高所得の段階は技術要素による駆動で、通常、大規模な技術導入が関係する。さらに高所得の段階になると、イノベーションによる駆動が必須となる。全体的にみて、中国は生産要素による駆動、資本要素による駆動の段階を相次いで経験し、現在はイノベーションによる駆動への移行期にあたる。新常態に入りつつある中国にとって、イノベーション駆動の実施とイノベーション型発展大戦略の構築は、第十三次五カ年計画期間に経済発展モデルを根本的に転換できるかどうかの鍵となる部分である。それは長期にわたって中高速成長を維持する巨大な動力であり、二〇二〇年にＧＤＰと都市・農村の平均所得を二〇一〇年比倍増とするための重要な保障でもある。

調和の発展理念は、発展は全体を考慮し、「一方の足が長く、もう一方が短い」ことは避けねばならないことを表し、また党中央が弁証法的発展法則をしっかり把握していることを表している。中国経済が新常態に移行するにともない、高度経済成長の裏に隠れていた矛盾が徐々に顕在化している。従来の粗放型経済成長モデルにすでに発展を支える力はなく、まずは経済成長モデルの転換が必須である。また、以前からあった貧富、都市と農村、地域間の格差が日ごとに大きくなり、社会矛盾が次々に露呈し、経済と社会のさらなる発展に大きな影響を与えている。さらに、社会的生産性の低さ、社会事業の進捗の遅さ、政治体制改革の停滞など幾重もの矛盾が併発し、一つの矛盾を解決するだけでは、人々の生活と社会の発展ニーズに応えきれなくなっている。新たな段階で発展を続けるには、解決を前提とした矛盾の効果的な緩和と利益関係の調整が必要であり、それが発展の質を向上させ、発展のために新たな動力を注入することになる。

グリーンの発展理念は人類と自然の調和のとれた共生を表し、党中央が自然界の発展法則をしっかり把握していることを表している。人間と自然の関係をいかにうまく処理するか、これは新たな発展理念の基礎的な課題であり、その解決は経済と社会の持続可能な発展にとり最も重要な前提条件である。まず、グリーンの発展理念は、発展の過程で経済、社会、自然の統一性を尊重することを求めている。これはグリーン型発展が自然生態システムだけの発展ではなく、経済―社会―自然の三大システムの有機的な統一であることを意味し、グリーンの発展理念を経済、政治、文化、社会、生態文明ならびに党建設の各分野、全過程に取り入れなければならない。また、グリーン型発展は、発展と環境保全を統一する理念の確立を求めている。科学的発展は絶対的な道理であるという戦略思想を堅持するには、発展を必ず低炭素、循環型、持続可能なものとし、発展と保護のバランスをとらねばならない。さらに、自然生態システムの建設において、生命共同体の理念を確立し、生態系の全体性、系統性およびその法則に従って、自然生態システムの各要素を総合的に考慮し、全体の保護、系統的な修復、総合的なガバナンスを実施し、生態系の循環能力を高め、生態バランスを維持していかねばならない。

開放の発展理念は積極的に世界に融合するだけでなく、主導的に互恵ウィンウィンで公正なグローバル化を創出していくことを表し、党中央が世界の発展法則をしっかり把握していることを表している。これは党が世界を戦略的に見通す目と国内外二つの大局を統括する力を備えていることを表している。習近平主席はかつて「改革開放はただ実行するのみ、終わりはない」と言った。もはや中国の発展は世界から切り離せず、世界の発展は中国を必要としている。今後、中国は世界の発展のために、さらに多くの、より大きな貢献をしていくだろう。第十三次五カ年計画の期間、中国は世界でさらに開放的、積極的、建設的な役割を演じ、多くの責任を担っていくが、これは世界の発展のために巨大なチャンスをもたらすはずである。まず、世界第一の貿易国、第二の輸入国として、第十三次五カ年計画の期間、全世界に巨大な市場を引き続き開放する。また、「一帯一路」建設を加速し、沿線諸国と連携し、全面的に開放されたウィンウィンの新たな国際協力モデルを構築し、同時にさまざまな国際市場の有利な要素を活用し、国内の経済発展をけん引する。さらに、世界における中国の重要性が高まるにつれて、中国はグローバル・ガバナンスにおいてますます積極的な役割を演じ、さらに多くの責任と義務を負い、国際秩序の構築と維持を主導的に推進していく。

わかち合いの発展理念は中国の社会主義の本質的な特徴を表し、党中央が発展の社会法則をしっかり把握していることを表している。第十八期五中全会では以下のことが採択された。わかち合いの発展理念を堅持し、「人民のための、人民に依る、人民が成果をわかち合う発展」を堅持し、さらに効果的な政策措置を講じ、ともに建設し成果をわかち合っていく中で、すべての人民に「獲得感」を味わわせ、発展の原動力を増強し、人民の団結を強め、「共同富裕」を目指して安定的に前進する。わかち合いの発展理念には三つの重要な法則がある。一、すべての人民が個々に能力を発揮し、経済と社会を発展させ、ともに富と財産を築いていく。二、すべての人民が社会に居場所を得、発展の成果をわかち合い、ともに豊かさと繁栄を実現する。三、すべての人民が良い関係にあり、安全で健全な社会をともに構築し、互いに助け合う。全面的な小康社会の建設について定められた新たな目標には、「人民の生活の水準と質を向上させ、わが国の現行基準に基づく農村貧困人口を貧困から脱却させ、貧困県のすべてがそのレッテルをはずし、地域性の貧困を解消する」ことが含まれる。全面的な小康社会の建設にとって最大の「短い板」は、割合はさほどでもないが数としてはかなり多い社会的弱者の救済である。社会的弱者が世間一般の小康生活が送れるよう、特別な措置と適切な配慮（個人および家族への配慮を含む）を実施しなければならない。現時点から全面的な小康社会実現の目標年である二〇二〇年まではわずか五年しかない。この弱点である「短い板」の補強は目標を達成するための最重点課題である。

安全の発展理念は安全と発展の弁証法的関係を表し、党中央が発展の保障を全面的にしっかりと把握していることを表している。新たな安全の発展理念は「一つの中心、二つの価値」により構成されている。いわゆる「一つの中心」とは、新たな安全の発展理念が人民を中心とし、人民の安全を主旨としていることを指し、「二つの価値」とは、安全の核心的価値と道具的価値を指している。安全型発展とは、発展を追い求める中で開放の条件のもと、人の基本的な安全とシステムの安全を実現することである。新たな時代において、中国の発展の安全には「天の時」「地の利」「人の和」という三つの内容が含まれる。発展にとって最大の「天の時」である政治の安全は、党の指導的地位の堅持、党の基本路線である「一つの中心、二つの基本点」の堅持を求め、発展に根本的な保障を付与する。発展にとって最大の「地の利」である国土、経済、生態系の安全は、食糧、資源、金融、生産における安全のアップグレード、環境保護の強化、自然生態システムのリスクに対する処理能力の向上を求め、発展のために堅実な基礎を用意する。発展において最も「人の和」を必要とする社会、文化、科学技術、情報の安全は、制度とメカニズムを通じて各分野、要素、階層における安全を統括し、安全のための枠組みを構築することを求め、発展のために良好な環境を用意する。天下泰平の世をつくり出すことを本質的な要求とする安全の発展理念は、発展のために安定と最大の公共財である安全をもたらし、そこから「長期安定」が生まれ、最終的に「天下が大いに治まる」ことになる。

第十八期五中全会の成功裏の開催は中国の発展が新たな段階に入ったことを表している。また、わが党が国内外の情勢をしっかりと把握し、将来を見据えて経済発展の新常態に適応し、主体的に新常態を先導し、イノベーションを通じて新たな発展理念を確立し、二〇二〇年の全面的な小康社会実現という第一の百年目標に向かってまい進することを表している。

総じて、中国の道というのは、中国の社会が天地を揺るがすほど大きく変化した行程である。世界最多の人口の、経済の立ち遅れていた途上国が発展モデルを転換し、工業化、都市化、情報化、近代化を実現した行程であり、世界的に極めて少ない社会主義国が探索と実践を続けて社会主義建設と革命（改革を含む）を行ってきたイノベーションの行程である。また、十数億の人民、五十六の民族、三十一の省市自治区、香港、マカオ、台湾、海外華僑で構成される中華民族がともに推進してきた偉大な復興の行程であり、一つの国が急成長して世界の強国となる平和発展の行程である。[13]その政治的な影響と社会的な意義は人類史上いまだかつて例のないものである。われわれは中国の道、制度、発展理念に自信を持っている。新たな発展の時期において、中国は新たな発展理念に導かれ、人民がわかち合うための成果を次々に獲得し、人間の全面的発達のためにさらに良好な環境と条件を創出していくだろう。

（1）『詩経』（大雅・文王）

（2）マックス・ヴェーバーは言った。「偉大な民族は決して数千年の輝かしい歴史の重みに耐えきれず衰えるわけではない。己を信じ、生まれつき備わっている偉大な本能を持ち続ける力と勇気さえあれば、その民族は永遠に若さを保てるのである」マックス・ヴェーバー著、閻克文訳『韋伯政治著作選（ヴェーバー政治著作選）』東方出版社、二〇〇九年、二三頁

（3）宋健「把科学技術伝播到人民中去（科学技術を人民に伝えよ）」『科技日報』一九九〇年二月三日

（4）『毛沢東文集』第七巻の「論十大関係（十大関係論）」（一九五六年四月二十五日）に以下のような指摘がある。「毛沢東同志のこの演説は、ソ連の経験を戒めとし、中国の経験を総括し、あらゆる積極的要因を動員して社会主義事業に奉仕するという基本方針を打ち出し、中国の状況に適した社会主義建設の道について初歩的な模索を行った」『毛沢東文集』第七巻、人民出版社、一九九九年、四四～四五頁

（5）毛沢東「要団結一切可以団結的力量（団結可能なあらゆる力を団結せよ）」（一九五六年四月二十九日）『毛沢東文集』第七巻、人民出版社、一九九九年、六四頁

（6）鄧小平「第十二回党大会における開幕の辞」（一九八九年九月一日）『鄧小平選集』第三巻、人民出版社、一九九三年、二～三頁〔中共中央文献編集委員会編、中共中央編訳局＋外文出版社訳『鄧小平文選』、テン・ブックス、一九九五年〕

（7）毛沢東「実践論」（一九三七年七月）『毛沢東選集』第一巻、人民出版社、一九九一年、二八一頁

（8）毛沢東「人的正確思想是従哪里来的？（人の正しい思想はどこからきたのか）」（一九六三年五月）『毛沢東文集』第八巻、人民出版社、一九九九年、三二〇頁

（9）『易経』（繋辞上伝）

（10）胡鞍鋼「中国発展奇跡之『道』既不複雑也不神秘（中国の発展の奇跡の「道」は複雑でも神秘的でもない）」『人民日報』（海外版）二〇一一年四月二十五日

（11）胡錦涛「清華大学創立一〇〇周年祝賀大会における演説」（二〇一一年四月二十四日）新華社二〇一一年四月二十四日北京発

（12）一九五八年の第八回党大会第二回会議で社会主義建設の「二本の足で歩む」方針が採択され、六つの「同時展開」が打ち出された。会議では、劉少奇同志が活動報告を行い、以下のように指摘した。第一次五カ年計画の実施と一九五八年の大躍進を通じて、われわれの社会主義建設の経験は豊かになり、「大いに意気込み、高い目標を目

指し、多く、早く、立派に、無駄なく社会主義を建設する」という総路線が定まった。また、①重工業の優先的発展を基礎とした工業と農業の同時展開 ②重工業と軽工業の同時展開 ③中央の工業と地方の工業の同時展開 ④大企業と中小企業の同時展開 ⑤西洋の方法を取り入れた現代的な生産モデルと在来の生産モデルの同時展開 ⑥工業分野において集中的指導と大衆運動を結びつける、という方針が打ち出された。この社会主義建設の総路線と一連の方針には、中国の社会主義建設の客観的な法則が反映されている。それは人民の生産闘争の経験の総括であり、人民の生産闘争を指導してもいる。劉少奇「第八回党大会第二回会議における党中央の活動報告」一九五八年五月五日

(13) 中国の平和的発展は、これまでの「国は強くなると必ず覇を唱える」という大国台頭のモデルを打ち崩した。植民地システムの確立、勢力範囲の争奪、武力による対外拡張は、近代の歴史で一部の大国が台頭するための常套手段であった。国務院新聞弁公室「『中国的和平発展』白皮書(『中国平和発展』白書)」二〇一一年九月、http://www.gov.cn/jrzg/2011-09/06/content_1941204.htm

あとがき

中国は今まさに近代化の落伍者、新参者、追随者からイノベーター、リーダーへと転身しようとしている。われわれの抱えた命題は中国に発展は必要なのか、なぜ発展すべきなのか、何のために発展するのか、発展をどうとらえるのか、いかに発展するのか、いかに目標を実現するのかといったことであり、実際のところ、これらは発展理念、発展観、発展ルート、発展モデルへの問いかけでもある。

人の正しい思想はどこからきたのか。毛沢東は言った。「正しい認識というものは、物質面から精神面へ、精神面から物質面へ、つまり実践から認識へ、認識から実践へという反復を何度もすることによって得られるものだ」[1]。よって、中国の発展の問題に正しく答えるためには、数十年の時間を費やし数え切れないほどの実践と認識を繰り返さなければ、「少ない知」を「多い知」へ、「浅い知」を「深い知」へ、「偏った知」を「全面的な知」へと変えることはできない。今回、奇しくも改革開放という大きな歴史的舞台とその極めて豊富な経験がわれわれに実践と認識のデータを提供してくれ、「東洋の巨人」の「二つの頭脳」である意思決定者とシンクタンクが連動し、発展についての探索、まとめ、総括、アップグレードが行われることになった。

本書では主に党中央の打ち出した新たな発展理念を巡ってテーマ別研究を行った。実際、われわれ自身も同じ問題についてこれまで二十年以上、長期にわたって追跡し、学術的に研究しているが、基本的な道筋は明確で、中国の国情について深く掘り下げて全面的に検討することを基礎としている。われわれの国情研究は一九四九年以降の中国の発展過程について、主に発展と自然環境、発展と人的資源、発展とイノベーション、発展と公平性の調和、発展とグローバル化といった関係について、新たな発展理念の六つの側面を切り口として進められ、すでに党中央との間に理論、思想、観点の連動するプロセスが構築されている。

早くも一九八九年に中国科学院国情分析研究グループは、中国の基本的な国情について、発展を長期制約する条件、特に人口、資源、環境、食糧と生存発展との間の基本的な矛盾、関係、動向について体系的に分析し、非伝統的（非西洋的）な「現代化」の道を選択すべきだとの結論を得、将来を見据えて二〇〇〇年ないしは二十一世紀前半までの持続発展のための基本戦略と主要対策を提言したところ[2]、当時の党中央と鄧小平同志の目にとまり、非常に重視されるようになった。

一九九五年、筆者は毛沢東同志の演説「十大関係論」[3]を研究し、『中国：走向二十一世紀的十大関係（中国：二十一世紀に向けての十大関係）』（黒龍江教育出版社、一九九五年）[4]を上梓した。同時に、中央の関連当局へ働きかけ、現在の中国の十大関係について新たな研究を始めた。一九九五年、江沢民同志が第十四期五中全会で「十二大関係論」[5]の特別演説を行った。その後の二〇一〇年、筆者は再び中国の十大関係の研究を始めた[6]。

一九九九年には、第十次五カ年計画と二〇一五年長期計画においても持続可能な発展戦略は引き続き重大戦略の一つであると提言した。その主旨は以下の通りである。①人を基本とし、人を中心とする。つまり人民の生活の質的改善であり、環境質の改善は生活質の重要な構成部分である　②高レベルの「資本投資、資源消費、汚染排出」に依存する発展モデルを変換し、市場メカニズムと技術の進歩による国情に合った「資源節約型」「環境友好型」の国民経済システムを構築する　③「二つの資源」「二つの市場」を活用し、貿易の自由化と投資の自由化の方針を堅持し、より一層広範な範囲で同戦略を実施する。(7)

当時、われわれの一部の提案や構想は採用されなかったが、その後の第十一次五カ年計画要綱で「人を基本とする」という指導思想が示され、「第六編　資源節約型、環境友好型社会の建設」（計五章）が採択された。(8)

二〇〇五年、第十一次五カ年計画の背景を研究する際、中国の基本的な国情について分析を行った。物資、人的、知識、自然、国際の五つの資本からなる「五大資本」の枠組みを構築し、発展の成功と代価を全面的に評価し、これまでの長期にわたる発展モデルを深く分析し総括した。こうしたプロセスを経て、全面的で持続可能な調和型発展のための四大戦略（経済のグローバル化、人的資源の開発、知識、グリーン）を打ち出したわけであるが、この四大戦略にはすでに今回の新たな発展理念の基本構想が透けて見える。また、さらに中国の三代にわたる発展戦略を総括し、以下のようにまとめた。第一代は計画経済期の伝統的な発展戦略（一九五〇―一九七八年）、第二代は経済転換期の経済発展戦略（一九七八―二〇〇二年）、第三代は科学的発展観を代表とする新たな発展観の戦略（二〇〇二年以降）である。そして、この三代の発展戦略には共通点と相違点があり、決してまったくの別物ではないことを指摘した。共通点は発展戦略の継承性に表れ、相違点は発展戦略の革新性に表れている。各発展戦略はそれぞれ前の代を引き継ぎ、相互にリンクし、時代とともに進化し、イノベーションされている。そして、当然のことながら、各発展戦略には歴史の合理性と局限性も内包されている。[9]われわれはまた「意識は存在により決定づけられる」ことから、自分たちの見解は中国の発展に従って調整され変化すると考えている。そのため、われわれは世界の発展理念を研究し、それを参考にしながら、常に中国の発展の実践を総括し、努めて自身の壁を打ち破ろうとしている。

二〇一〇年八月、第十二次五カ年計画に対して「六大発展」（グリーン、イノベーション、調和、わかち合い、安全、ウィンウィン）という基本構想を提言した。[10]

二〇一二年四月、『中国：創新緑色発展（中国のグリーン・ニューディール）』（中国人民大学出版社）を上梓した。同書は二〇一四年に英訳版がSpringer社より、二〇一五年に邦訳版が日本僑報社より刊行された。

二〇一二年九月、『二〇二〇中国：全面建成小康社会（二〇二〇年の中国：全面的小康社会の建設）』（清華大学出版社）を上梓し、再度「科学的発展観と五大発展（イノベーション、グリーン、調和、わかち合い、ウィンウィン）の堅持」を提言した。[11]その中で、グリーンの発展理念を「自然の尊重、自然に順応、自然の保護、自然の恩恵、自然の利用、自然への報恩」という六つの表現でまとめたが、その主旨は人と自然の調和にある。この中の「自然の尊重、自然に順応、自然の保護」は、驚いたことに第十八回党大会の報告および改正された党規約の中で取り上げられた。当時はまだ新たな発展理念についてそれほど深く体系的に論述していなかったのだが、その後の二〇一五年、同書を意思決定者に提出したところ、高い評価を得ることになった。

二〇一三年、われわれは国家発展改革委員会の依頼を受け、第十二次五カ年計画の中間評価を行った。そして、その結果から、「五大発展」を通じて中国経済をアップグレードさせる必要性を説き、それを第十三次五カ年計画の基本方針とするよう提言した[12]。

二〇一五年十月、第十八期五中全会で採択された「国民経済と社会発展のための第十三次五カ年計画制定に関する党中央の建議」では、イノベーション、調和、グリーン、開放、わかち合いの新たな発展理念が明確に打ち出され、習近平同志が全体会議の席上でそれに関する特別演説を行った[13]。

筆者の基本的な評価は以下の通りである。第十八回党大会以降、習近平同志を核心とする党中央は「五位一体」の全体配置と「四つの全面」の戦略配置を推進し、全党、全軍、全国の指導方針となる、また理念と実践の最大のイノベーションである「人民を中心とする」新たな発展ビジョンを打ち出した。その主な内容は、①新たな発展ビジョンは世界最大級の改革開放の実践である　②新たな発展ビジョンは過去の五カ年計画が行ったイノベーションとそのエッセンスの総括である　③新たな発展ビジョンの提起は五カ年計画立案における最大のブレークスルーであり、計画通り全面的な小康社会を実現するための重要な手立てとなる　④新たな発展ビジョンは全面的な科学的発展観の構成部分である　⑤中国の発展ビジョンは今後、世界に巨大な影響を与える。新たな発展ビジョンは中国版開発経済学の最新理論であり、現代の国際開発経済学における最良の実践である[14]。毛沢東同志は言った。「人々の社会的存在が人々の思想を決定づける。そして、先進的階級を代表する正しい思想はひとたび大衆に理解されると、社会を改造し、世界を改造する物質的な力へと変わる[15]」。習近平同志の新たな発展ビジョンは「精神の原子爆弾」のように、十数億の人民にひとたび理解されると、それは巨大なイノベーション、起業、知恵、富を創出する力となる、というものだ。

それは「物質の原子爆弾」と「精神の原子爆弾」の相互作用のプロセスである。研究者であるわれわれにとっても、それは常に学び、探求し、変革し、創作するプロセスである。

第十八期五中全会では「五大発展」（イノベーション、調和、グリーン、開放、わかち合い）という新たな理念が打ち出された。われわれもそれをしっかりと学習し、深く研究し、グループで討議し、繰り返し修正を行った。その検討と論証の過程で、鄢一龍助教授のサポートを得て本書の研究と執筆を組織し、唐嘯博士、魯鈺峰博士、張新博士、姜佳瑩博士に各章の研究と執筆を担当していただいた。また、周紹傑副教授には関連の研究成果を提供していただいた。そうして二〇一五年末、本書の第一版が完成し、二〇一六年四月に出版された。

本書はその第二版であり、第六章として「安全の発展理念」が加筆された。第十八回党大会以降、習近平総書記は二大イノベーションを行った。一つは安全という発展理念のイノベーションである。具体的には、総体的国家安全観を堅持し、人民の安全を主旨とし、中国と世界という二つの大局を考慮し、二つの安全を統括して発展させる。国家の安全はすべて人民のためであり、すべて人民に依拠するという新たな理念を堅持する。もう一つのイノベーションは、国家安全保障システムの変革である。二〇一四年一月二十四日、党中央政治局は会議を開催し、中央国家安全委員会の設置を決定した。中央国家安全委員会は習近平同志を主席とし、李克強同志、張徳江同志を副主席とする。これにより、「集中的、統一的、高効率、権威的」国家安全指導メカニズムが構築され、党と国家の制度とメカニズムが重大なイノベーションを遂げた。それ以前の二〇一三年十月十四日、筆者と門洪華教授による「国家安全委員会設立に関する提言」『国情報告』（二〇一三年特別号第十五期）は、国家安全の重大な問題について、党中央政治局および常務委員会の直接指導のもとで「大権の独占、小権の分散、委員会による決定、各方面による運営」を実施するよう提言し、国家主席主導の国家安全指導体制の確立を提案した。この構想は期せずして中央の戦略的意思決定と一致するものであった。二〇一三年十一月十二日、第十八期三中全会コミュニケでは、国家安全委員会が設置され、国家安全保障体制と国家安全戦略を整備し、国家の安全を確保することが定められた。これにより、私はこれまでの中国の実践から安全という新たな発展理念を総括する必要性をさらに強く感じた。本書の「第六章　安全の発展理念」の脱稿と同時期、二〇一六年十二月十日、党中央政治局が会議を開催し、「国家安全活動の強化に関する意見」を審議し、習近平同志が重要な演説を行った。新華社による公式発表はわずか二段落だったが、情報量の極めて多い、革新的な理念の演説であり、それは思いがけずわれわれの「第六章　安全の発展理念」にとって画竜点睛の効を発揮してくれた。

本書の「第六章　安全の発展理念」は唐嘯氏、鄢一龍氏、筆者が共同で執筆し、最終的に筆者が監修した。同文は『国情報告』（特別号二〇一六年第四十二期）として内部出版され、指導者層に参考用として供出された。

そのほか、第十八期五中全会の建議と合わせて、筆者は『中国：決勝百年目標（中国：百年目標に向けて最終決戦）』を著し、同書は浙江人民出版社より出版された。それ以前の筆者、鄢一龍氏、周紹傑氏の共著による『「十三五」大戦略（第十三次五カ年計画の大戦略）』計三編（浙江人民出版社、二〇一五年六月版）とともに、第十三次五カ年計画に対するわれわれの研究の集大成であり、比較的系統立てて発展理論、発展戦略、発展計画が研究成果として収められ、意思決定者に知識サポートを、社会に公共知識を提供した。

清華大学国情研究院は国家級のシンクタンクであり、その理念は「知をもって人民に尽くし、知をもって国に報いる」「国の課題の解決策を考え、国の未来を探求する」である。長期にわたり、われわれは一貫して追跡的、専門的、専業的に国家五カ年計画と規画を研究してきた。最近、清華大学国情研究院もまた幸いなことに国家ハイエンドシンクタンクの試行拠点の一つとして、党中央と国務院の政策決定における諮問機関に位置づけられた。これはわれわれのこれまでの仕事に対する肯定であり、また今後の研究に対する大きな期待の表れでもある。われわれは責任の重さを強く感じ、これまで以上に国情や国策、中長期戦略および計画の研究に努め、中国独自かつ世界一流の清華ブランドのハイエンドシンクタンクを創造し、ユーザーにハイエンド「知識製品」である『国情報告』を提供していく。そして、意思決定部門およびその他のハイエンドシンクタンクとの連携を主体的に強化し、知識スピルオーバーのチャネルを創出し、ハイエンドシンクタンクの新たな道をまい進していく所存である。

胡　鞍鋼

二〇一六年十二月十四日　清華大学にて

（1）毛沢東「人的正確思想従哪里来的？（人の正しい思想はどこからきたのか）」『毛沢東文集』第八巻、人民出版社、一九九九年、三二一頁
（2）中国科学院国情分析研究グループ、胡鞍鋼、王毅『生存与発展（生存と発展）』科学出版社、一九八九年
（3）毛沢東同志による十大関係：一、重工業と軽工業、農業の関係　二、沿海部の工業と内陸部の工業の関係　三、

経済建設と国防建設の関係　四、国家や生産組織と生産者個人の関係　五、中央と地方の関係　六、漢族と少数民族の関係　七、党と非党の関係　八、革命と反革命の関係　九、是非の関係　十、中国と外国の関係。毛沢東「論十大関係（十大関係論）」『毛沢東選集』第七巻、人民出版社、一九九九年、二三〜四四頁

（4）この十大関係は以下の通りである。一、中央と地方の関係　二、先進地区と後進地区の関係　三、工業と農業の関係　四、都市と農村の関係　五、経済成長と経済の安定の関係　六、人口と発展の関係　七、自然環境と発展の関係　八、国有経済と非国有経済の関係　九、発展と汚職の関係　十、中国と外国の関係。胡鞍鋼『中国：走向二十一世紀的十大関係（中国：二十一世紀に向けての十大関係）』黒龍江教育出版社、一九九五年

（5）江沢民同志による十二大関係：一、改革、発展、安定の関係　二、速度と収益の関係　三、経済建設と人口、資源、環境の関係　四、第一次、第二次、第三次産業の関係　五、東部地区と中西部地区の関係　六、市場メカニズムとマクロコントロールの関係　七、公有制経済とその他の経済セクターの関係　八、所得分配における国家、企業、個人の関係　九、対外開放の拡大と自力更生の堅持の関係　十、中央と地方の関係　十一、国防建設と経済建設の関係　十二、物質文明の建設と精神文明の建設の関係。江沢民「正確処理社会主義現代化建設中的若干重大関係（社会主義『現代化』建設における若干の重大関係を正しく処理せよ）」『江沢民選集』第一巻、人民出版社、二〇〇四年、四六〇〜四七五頁

（6）この十大関係は以下の通りである。一、改革・発展と安定の関係　二、成長速度と発展モデルの関係　三、都市と農村の関係　四、地区間の関係　五、経済建設と社会建設の関係　六、人と自然の関係　七、政府と市場の関係　八、中央と地方の関係　九、物質建設と文化建設の関係　十、中国と世界の関係。胡鞍鋼「論新時期的『十大関係』（新たな時期の『十大関係』論）」『清華大学学報（哲学社会科学版）』二〇一〇年第二期掲載

（7）胡鞍鋼「我国可持続発展十大目標：関于『十五』計劃制定的建議（わが国の持続可能な発展のための十大目標：第十次五カ年計画制定に関する建議）」『中国国情分析研究報告』一九九九年第六十一期七月二十五日掲載

（8）「中華人民共和国国民経済と社会発展のための第十一次五カ年計画要綱」二〇一一年三月十四日、第十期全国人民代表大会第四回会議にて承認

（9）胡鞍鋼、王亜華『国情与発展（国情と発展）』清華大学出版社、二〇〇五年、一六三〜一六五頁

（10）胡鞍鋼、鄢一龍「国家『十二五』計劃：背景、思想与目標（国家第十二次五カ年計画：背景、思想および目標）」『国情報告』二〇一〇年第二十四期八月八日掲載

（11）胡鞍鋼『二〇二〇中国：全面建成小康社会（二〇二〇年の中国：全面的な小康社会の建設）』清華大学出版社、二〇一二年

（12）胡鞍鋼、鄢一龍、楊竺松「関于『十三五』規劃基本思路的建議（第十三次五カ年計画の基本方針に関する建議）」『経済研究参考』二〇一三年第五十五期、七一～七八頁

（13）習近平「第十八期五中全会における演説（抜粋）」（二〇一五年十月二十九日）『求是』二〇一六年第一期掲載

（14）胡鞍鋼「五大発展新理念如何引領『十三五』（新たな五大発展理念はいかに第十三次五カ年計画をリードするか）」『人民論壇』二〇一五年十一月十七日掲載

（15）毛沢東「人的正確思想従哪里来的？（人の正しい思想はどこからきたのか）」『毛沢東文集』第八巻、人民出版社、一九九九年

■著者代表紹介
胡 鞍鋼（こ あんこう）
1953年生まれ。清華大学公共管理学院教授、同大学国情研究センター長。「第13次五カ年計画」専門家委員会委員などを歴任。
各種の専門書、国情研究シリーズなど、80冊以上出版。邦訳に『中国のグリーン・ニューディール』『SUPER CHINA ～超大国中国の未来予測～』『中国の百年目標を実現する 第13次五カ年計画』（以上、日本僑報社）などがある。
中国国家自然科学基金委員会傑出青年基金の援助を獲得する。中国科学院科学技術進歩賞一等賞（2回受賞）、第九回孫冶方経済科学論文賞、復旦管理学傑出貢献賞などを受賞。

■訳者紹介
日中翻訳学院 本書翻訳チーム（代表 高橋静香）
日中翻訳学院は、日本僑報社が2008年9月に設立した、よりハイレベルな日本語・中国語人材を育成するための出版翻訳プロ養成スクール。

The Duan Press

習近平政権の新理念 ―人民を中心とする発展ビジョン―

2017年9月13日　初版第1刷発行
著　者　胡 鞍鋼（こ あんこう）、鄢 一龍（えん いちりゅう）、唐 嘯（とう しょう）他
訳　者　日中翻訳学院 本書翻訳チーム（代表 高橋静香）
発行者　段 景子
発売所　日本僑報社
〒171-0021 東京都豊島区西池袋 3-17-15
TEL03-5956-2808　FAX03-5956-2809
info@duan.jp
http://jp.duan.jp
中国研究書店 http://duan.jp

2017 Printed in Japan.　ISBN 978-4-86185-233-6　C0036

教材・副教材にぴったり、中国研究におすすめ書籍

「言葉や文化」を深く学びたいなら

日中文化DNA解読
心理文化の深層構造の視点から
尚会鵬 著　谷中信一 訳
2600円+税
ISBN 978-4-86185-225-1

中国人と日本人の違いとは何なのか？文化の根本から理解する日中の違い。

日本語と中国語の落し穴
用例で身につく「日中同字異義語100」
久佐賀義光 著　王達 監修
1900円+税
ISBN 978-4-86185-177-3

中国語学習者だけでなく一般の方にも漢字への理解が深まり話題も豊富に。

日本の「仕事の鬼」と中国の〈酒鬼〉
漢字を介してみる日本と中国の文化
冨田昌宏 編著
1800円+税
ISBN 978-4-86185-165-0

ビジネスで、旅行で、宴会で、中国人もあっと言わせる漢字文化の知識を集中講義！

中国漢字を読み解く
～簡体字・ピンインもらくらく～
前田晃 著
1800円+税
ISBN 978-4-86185-146-9

中国語初心者にとって頭の痛い簡体字をコンパクトにまとめた画期的な「ガイドブック」。

日本語と中国語の妖しい関係
～中国語を変えた日本の英知～
松浦喬二 著
1800円+税
ISBN 978-4-86185-149-0

「中国語の単語のほとんどが日本製であることを知っていますか？」という問いかけがテーマ。

歴史に学び、今を知り、未来を考える

対中外交の蹉跌
- 上海と日本人外交官 -
片山和之 著
3600円+税
ISBN 978-4-86185-241-1

現役上海総領事による、上海の日本人外交官の軌跡。近代日本の事例に学び、今後の日中関係を考える。

必読！今、中国が面白い Vol.10
- 中国が解る60編 -
三潴正道 監訳　而立会 訳
2600円+税
ISBN 978-4-86185-227-5

最新中国事情がわかる人気シリーズ第10弾！

温孔知心
～孔子の心、経営の鏡～
史文珍 著　汪宇 訳
1900円+税
ISBN 978-4-86185-205-3

新進気鋭の中国人研究者が孔子の教えを現代ビジネスに活かす新感覚のビジネス書。

強制連行中国人
殉難労働者慰霊碑資料集
強制連行中国人殉難労働者慰霊碑資料集編集委員会 編
2800円+税
ISBN 978-4-86185-207-7

戦時下の日本で過酷な強制労働の犠牲となった多くの中国人がいた。歴史の実態と慰霊活動の記録。

日本人論説委員が見つめ続けた
激動中国
中国人記者には書けない「14億人への提言」
加藤直人 著　〈日中対訳版〉
1900円+税
ISBN 978-4-86185-234-3

中国特派員として活躍した著者が現地から発信、政治から社会問題まで鋭く迫る！